伊勢神宮と古代日本

本位田菊士

同成社

目次

はじめに

伊勢神宮は精神文化の一つの象徴として久しく崇敬され親しまれたばかりでなく、日本の伝統文化の形成に寄与しさまざまの影響力を及ぼしてきた。しかしその存在が象徴化されたことによって、富岳の重鎮として仰がれる一方、何か近寄りがたい神秘な一面を印象づけてきたことも事実である。戦後六十有余年、天皇制の廃止により多くの制約が除かれ、学問の対象として取り上げられた結果、歴史学の分野でも着実な研究成果が生み出された。だが卑見によれば、神宮のもつ皮相で表象的な儀礼や神事の荘厳、千古不易の歴史の神秘のみが強調され美化されてきたという印象を拭い去ることはできない。むろん客観的で透徹な学問の立場を貫く優れた研究もみられるが、伊勢神宮の確立する奈良朝以後、すでに千三百年の時日が経過し、その間独自の神祇体系がつくられ、その信仰内容を伝える多数の史料や神道書が生れており、伊勢神宮の起源や成立過程を考えようとする際、奈良朝以後につくられた史料に残された伝承や記事に依存するところが多く、奈良朝、早くとも天武朝以前の伊勢神宮像はまったくといってよいほど伝えられていない。書紀の記載の断片的な伝承を除くと五里霧中の状態で、このままでは一種イデオロギー的な奈良朝以降の国家管理のもと再編された、本来仮空のつくられた別の伊勢神宮像に支配されかねないのである。

極言すれば、奈良朝以後の伊勢神宮とはまったく別の伊勢「神祠」の存在があったのではなかろうか。

従来、伊勢神宮の成立史の研究は、神道史・神祇史を専門とする一部の史家に片寄りがちの傾向がみられ、古代史学界全体の開かれた議論の場にはなっていない。それは神道・神祇関係にはさまざまの制約や約束事があり、安易に内部に踏み込むことがむずかしく、まして神宮の起源ということになると、絶対史料の欠如もあって、神祇史家でさえ問題の追究を投げ出したり敬遠しがちであった。しかし伊勢神宮の成立はきわめて遠古に溯及するものであり、断片的とはいえその研究材料は記紀にかぎってみても重要な取り上げるべき論点やテーマがあり、このまま放置しておくことは許されない。その場合、神祇史家によらない一般史家が新たな観点で、神宮の神祇体系に依存しない別途の研究手法でこの難問に挑戦してみるのも意味があるといえるのではなかろうか。

かつて伊勢神宮の主神、天照大神の神格を否定することによって、その存在を抹殺しようとする考説が現れたことがある。しかしその存在を否定してしまえば、そのさきにある伊勢神宮の実体は永久にみえてこない。むしろ天照大神の存在を生かすことによって、すなわち天照大神という神格がなぜ出現したかを追求することによって、伊勢神宮の隠された闇、深層部分が多少なりともみえてこよう。

注目したいのは、記紀神話に登場する天照大神と月読尊・素戔嗚尊三神の兄弟関係と系譜、およびその動向である。これら三神の連関にこそ、伊勢神宮成立の謎を解く突破口があると確信している。記紀神話の系譜以外にもぜひ検討すべきは「斎宮」の問題である。斎宮と神宮の関係は、従来ともすれば別箇に論ぜられる傾向がある。この二つの関係は本来切り離しては考えられない。原則天皇の娘で斎王（女）の伊勢神宮遣侍の発祥と滞在地である「斎宮」の問題は神宮の起源を探索する際逸することができないのである。未婚のまま中央の宮廷を遠く離れた伊勢神祠（書紀によれば伊勢神宮の古称が神祠）に遣侍され、しかも一定期間神に奉仕しひたすら精進潔斎に勤める異常性は、伊勢神宮の秘められた謎を端的に示すものではなかろうか。したがって本論は、天照大神ら三神のつながりがなぜ生まれたか、その意味とは何か、またいま一つは斎王（女）がなぜ伊勢神宮に遣侍されねばならなかったか、この二点を基本命題として、伊勢神宮成立の深層部分の究明に勉めたいと思う。

本論で扱う史料は当然記紀の神話・伝承となるが、究極の目標は伊勢神宮を畿内とその周辺の文化圏（また大和王権の構造）の一翼としてとらえ、客観的にその実体を浮彫りにすることにある。したがって神宮関係史料のなかでは年中行事を中心に比較的客観的な記述のある皇太神宮儀式帳（内宮）、止由気宮儀式帳（外宮）のともに延暦二十三年撰のみを基本史料として使用した。平安後期の成立とみられる太神宮諸雑事記や神宮雑例集・皇字沙汰文に引用される大同本記（逸文）は度会氏の解文であり、引用史料であることから参考史料としては除くことにした。また伊勢神宮の起源を探る材料として神嘗祭や神衣祭の祭儀との関連を重視する立場もあるが、その意味ではむしろ、三節祭の一環として行われる神事、ハラエ（祓・大祓・解除・大解除）にこそ、神宮祭祀の本質部分が隠されていると考える。ハラエは祭祀の従属的な行事と説く考え方もあるが、それは大きな誤解である。素戔嗚尊は天岩戸の日神招致の祭儀によって高天原から放ち捨てられるのであり、また伊勢斎王（女）は、斎宮への往還の道中、また滞在時も執拗とも取れる潔斎を繰り返すことを想起してみるとよい。ハラエの意味をつきつめて行けば、神宮の性格の根幹がみえてくる。

神宮関係諸史料・関連行事に拘束されることなく、他方で歴史学周辺諸科学の神話学・民俗学・考古学の分野で蓄積されてきた研究成果をできるかぎり援用することによって、絶対史料の欠如と不足を補い、伊勢神宮を伊勢という地域の面的要素と位置づけ、周縁諸地域との対比による巨視的な伊勢神宮像を樹立したいと考えた。この本論のわがままで壮大な構想はあくまで試論にすぎず、はたして読者一般の納得をえられるかはなはだ心もとないが、ぜひ小論の「はじめに」を照覧されたうえで本文の内容に接していただくよう切望したい。

最後に本論で考えた「伊勢神宮」の成立過程を提示して結びとしたい。伊勢神宮の表記は、日本書紀の記述に従い、神祠と神宮の名称を適宜使い分けた。

① 弥生時代中・後期（年次不明）—古墳時代前期（四世紀）

日本列島の稲作文化の伝播により、従来の雑穀栽培・焼畑農耕文化との衝突・摩擦が生じ衢神・障神を祭る前（プレ(プロト)）伊勢神祠の状況が考えられる。主神は在地の山神・海神（漁撈神）で、威力神として畏怖された。これらの神の象形は蛇・猿の類と思われる。素戔嗚尊の八岐大蛇退治の神話や草薙剣発見の伝承はその投影。またサルタヒコの神話はその残肴であろう。これら山海の神は多くイケニエ（犠牲）を要求する神でもあった。ハラエの原点である。

② 古墳時代中・後期（五・六世紀、雄略―継体朝）

五世紀前半の三輪祭祀権（三輪山信仰と王権）の分裂にともなう混乱が河内・和泉に基盤をもつ古市・百舌鳥古墳群の被葬者の結束により一時的な秩序の回復をもたらした結果、雄略大王の統治が実現するが、そのあまりに強権的な政治と王位継承をめぐる廟堂内の政争が重なり、王権はふたたび不安定な状況に陥る。国際的な緊張をも背景に天照大神の伊勢遷祀の伝承をふまえた初期斎王（女）遣侍が開始される。天照大神が日神（太陽神）であるならば、なぜ固有名に近い名称で呼ばれたのか。また天照大神はなぜ女神でなければならなかったのか。伊勢神祠の成立が雄略朝であるとすれば、この問題を解くキーポイントとなる。五・六世紀は政治・文化の変動期であり、六世紀に入ると継体天皇大和入りなどでふたたび秩序は動揺する。伊勢神祠の主神は大和から伊勢に移った日神（ヤマトヒメ巡行の伝説）と継体大和入りにともなう日本海域の月神系神祇体系の輸入（丹波からの豊受神遷祀の伝承）が交錯し、一時的に日月神並祀の環境が生じたか。斎王（女）の選任はヤマト系と北方系が交替している。在地神昇格により皇室の氏神と化したとする一説は考えられず、内外宮の主神は中央と在地勢力との支配・被支配の関係をそのまま反映したものであり、在地勢力はこの段階までにほぼ潰滅した。

③ 飛鳥時代（六世紀末から七世紀前半まで）

蘇我氏の擡頭と後期ミヤケ制の推進により、伊勢にも新家屯倉を中核とする先駆的な水田耕作が導入され、稲作文化を背景にする日神崇拝がいっそう強化される。敏達朝の東国を中心とする日祀部の設置はそうした背景によるか。斎王（女）の酢香手姫皇女（ヤマト・蘇我系）が三代にわたって日神に奉祀したと伝え、そこにはじめて「伊勢神宮」の名が現れる。さきの天照大神遷祀の伝説（ヤマトヒメ巡行伝説）に、皇太神宮儀式帳のみが伝える「百張蘇我国」の記載があり、この時期の伊勢神宮を推察するうえで、重要なキーワードとなる。おそらく斎宮の設けられた多気地方の古名であろうが、新家屯倉を配下に置いた蘇我氏が伊勢の経営に乗り出した証となると思われる。ところが舒明朝以降、ふたたび近江系の皇親関係が復活し、大化改新（六四五年）を通じて蘇我氏本宗を廟堂から駆逐する。その影響であろうか斎王（女）は天武朝まで五代にわたって中絶（太神宮諸雑事記・一代要記）する。

④　天武・持統朝（七世紀末）

壬申の乱を契機として天照大神が出現する。斎王（女）制は大来皇女の登場により復活し、斎王は天照大神の分身ともいえる「巫女王」にふさわしい権勢を発揮する。だが大津皇子の「謀反」が動機とみられる律令制下の皇権による統制が行われ、式年遷宮の採用と新たな斎王制の編成により、文字どおりの伊勢神宮の再編が完結する。

（なお、本書に引用した研究者の敬称を省略させていただくことを一言、お断わりしておく）

I　記紀の伝承と斎宮

「斎宮」の語は、伊勢神宮（神祠）の創祀当初から用いられたものではない。垂仁紀二十五年三月条に、天照大神が倭姫命に依憑して伊勢に遷祀された際、

故、大神の教の随に其の祠を伊勢国に立てたまふ。因りて、斎宮を五十鈴の川上に興つ。是を磯宮と謂ふ。則ち天照大神の始めて天より降ります処なり。

のちの天武朝までの神宮は一般に祠と表記されており、この場合の斎宮（いつきのみや）は、斎王すなわち倭姫（やまとひめ）命の斎き祀るところとして斎宮を称したにすぎない。伊勢神宮の語にしても、景行紀四十年十月条に、日本武（やまとたけ）尊（る）東征にあたって「伊勢神宮」に参拝したとあること、同五十一年条に、同尊が蝦夷を献上する伝承中に神宮の名がみえ、崇神記にも「豊鉏比売（とよすきひめ）命者、伊勢大神の宮を拝き祭りき」などとある。景行記の倭建（やまとたける）命が詔により出征した途次、伊勢大御神宮に詣り、姨の倭比売命から草那芸剣（くさなぎのつるぎ）を授与された。景行記には神宮を「神の朝廷」と注記しているので、一定時期にはすでに公的施設の認識があり、天皇の宮と同様に受け取られていたことを示している。記紀景行段以後、伊勢神宮の名は継体朝まで見えず、息長真手王の女、麻組郎女の生む佐々宜郎女（ささげのいらつめ）について「伊勢神宮を拝きたまひき」（継体記）とみえる。書紀より件数

は少ないが、すべて神宮の名で統一し、時代の変化に応ずることなく編纂の色彩が強い。一方、用明即位前紀の伊勢神宮を除けば、天武紀二年四月乙巳条に、大来（おおく）（伯）皇女を天照大神宮に遣侍させようと泊瀬（はつせ）斎宮に居らしめた記事を初見とする。「先づ身を潔めて神に近づく所なり」と注記するが、天武紀壬申年六月甲申条に、伊勢朝明（あさけ）の迹太（とほ）川辺で大海人（おほあま）皇子（天武）が天照大神を遥拝した事実と対応するものであろう。一般に壬申の乱を機に天照大神と神宮の権威が強化されたとみられているが(1)、その際にまず壬申紀に続いて天照大神の宮、さらに同四年二月丁亥条の、十市皇女、阿倍皇女二人を伊勢神宮に派遣する等、表現が微妙に異なる。何よりも大来皇女がなぜ最初、泊瀬の斎宮（のちの野宮ともいう）に止まったのか理由は判然としない。垂仁紀の伝承を除けば、記紀を通じて、「斎宮」の名が現れるのは、この天武紀以外皆無であった。壬申紀の天武天皇が望拝したときには神宮（神祠）の呼称はなく、祭神の天照大神をあげるのは相互に何らかの関連があるに相違ない。書紀の伊勢神宮と天照大神を対比させると、現れかたには特徴がみられた。伝説的で作為が認められる垂仁・景行段に伊勢神宮・天照大神の名が記され、これが天武紀以降に再度登場するのは、従来から指摘されているとはいえ、天照大神出現の契機が何時かを予測させるものがある。だが私見は天照大神（日神）と伊勢神宮が壬申の乱を経て突如姿をみせたとは考えていない。さりとて元来、伊勢の地方神で日神（太陽神）が中央の神祇体系に収斂された結果、ある時期以降に普遍的なアマテルヒルメノカミから固有の天照大神として創出されたとする解釈(2)にも簡単に左袒はできない。その起源はより複雑で独得な発展過程があったと理解している。伊勢神宮は古く神祠と呼ばれた時代があり、その神祠は大和政権中枢とは若干距離を措くが、ある種の公共性を帯びた畿内と周辺地域を包摂する一大祭儀場であった、と考えている。詳細は後章で述べることにするが、大和三輪山の祭祀・信仰が、大和政権発祥以来、独立性の強い王権との対立軸を構築してきた点を想起すべきであろう。

初期王権が魏志倭人伝にみる卑弥呼の神権、首長連合の頂点に立つような象徴的な権力のあり方から察すれば、畿内圏の枠外、一定の距離を保つその東端に、伊勢神宮が存することの意義は軽視できない。なぜなら順わぬ蝦夷が支配するという東国に対し、伊勢はその起点となる境界、障壁というべき位置を占めていた。敏達紀十年閏二月条に、辺境侵犯の蝦夷の魁帥綾糟が謝罪のために泊瀬の中流に下り、三諸岳に向い水を歃り誓約した著名な伝承があり、また景行紀五十一年条に、日本武尊が東征によって獲た俘虜を伊勢神宮に献上した記事とともに同様の服属儀礼が行われたとみてよい。だがこれは単なる服属儀礼というだけでなく、東国への関門としての境界祭祀の一環ととらえるべきものである。景行天皇の東国巡狩の伝承でいえば、同紀五十三年八月是月条に、「乗輿、伊勢に幸して転じて東海に入りたまふ」、同十一月条に、「東国より還りて伊勢に居します。是を綺宮と謂す」とあり、起点と終結点を伊勢に定めている。

Ⅱ「神宮」の創設とその意義

1　日本の神宮と新羅の神宮

伊勢神宮の特質といえば、まず記紀によるかぎりは神宮という呼称と、「斎王」としての皇女の神宮遣侍であろう。斎王（女）とは何か。選定された天皇の子女が中央宮廷を離れ、一定期間を地方の斎宮に籠り神に奉仕することにある。

まず「神宮」の意味から検討していきたい。神の坐する場を通例の社（祠）とせず「神宮」と称することの意味が解明されねばならない。この点に着目した前川明久は、末松保和の論考(3)を継承発展させ、五世紀新羅の炤知麻立干（四七九—四九九在位）の代、「神宮を奈乙に置く。奈乙は始祖初生の処なり」の記事（三国史記）を引用し、神宮は新羅では始祖廟を意味し、降臨の奈乙は始祖の聖地であった。創立の神宮は祖廟を昇格させたもので、伝説の始祖、赫居世以来二十二代の最後の王は実在し、そのはじめにあたる奈勿王（三五六—四〇一在位）は新羅王朝統一の祖と考えられ、王名に含まれる奈はnar（太陽の意）とする末松の見解をふまえ、王名の奈勿と地名奈乙は相通し、この霊廟は太陽崇拝と深い関連性があると指摘する。

前川はさらに、持統朝の内宮式年遷宮の開始と結びつけ、度会の内宮を天武天皇の霊をはじめとする歴代の神格化と皇祖神を祭る宗廟を創祀する意図をもったと主張する。(4) だが神宮の称が特殊な用例で、しかも日本の神宮が、はたして朝鮮半島、とくに新羅の祭祀制と直結するかどうか疑いがのこる。第一、神宮は伊勢神宮に限られたものではなく、少なくとも天武朝以前には例があること、また新羅の神宮は炤知麻立干十七年正月条に「親祀神宮」とあり、その後も継続して国王自ら神宮の祭祀にあたった。伊勢神宮の場合、古来天皇自身が祭祀に携わることなく、代理で男系皇族が立てられることもなかった。斎王は後代まで原則上皇族の女子で占められる。また新羅では、奈乙に置かれたという「神宮」が炤知麻立干の「親祀始祖廟」の記載を受けたにせよ、その神宮が直接始祖廟を指すことが証明されたわけではない。景行記の「神の朝廷」が、天皇の宮室、あるいは中央政庁（官衙）の意で用いられる点も斟酌される余地がありそうである。魏志の卑弥呼の宮居は「宮室楼観城柵厳設」と形容され、誇張があるとしても楼観が中国では高所重層の目立つ建造物であり、多くは道観であった。日本に道教が伝来(5)したかどうか疑問もないわけではないが、たとえば斉明紀二年是歳条に、田身嶺（多武峰）の頂上付近に築かれた「観」を、両槻宮または天宮と称したという。古墳時代のクラと呼ぶ倉庫群は何本もの掘立柱を用いる巨大な建造物で、なかには祭儀と結びつく殻倉（稲蔵＝磐座・高御座と同義カ）も含まれる。ミヤケ（屯倉）はその構造的な一形態。ある時期には中央権威と一体化した官衙的機能も備えていたと考えられる。(6)

ミヤコとはミヤケから派生した語であろう。

七世紀に入ると、都城の官衙に付随する高層の殿舎がつくられる。二〇〇六年十一月十五日朝刊報道によると、大阪市中央区前期難波宮址から、周囲に回廊跡がある七世紀中葉の高床建造物跡が発見された（大阪市教委、市文化財協会発表）。当時、難波宮の東に広がる湖を望む崖の上に立っていたとみられ、これは一種の望楼で、外国使節をもてなす宮殿内の迎賓館としての働きもあったと推測されている。宮殿中心の内裏から東へ約二〇〇メートルの東方官衙と呼ばれる地域にあり、柱穴直径一・二メートル、高さ一〇メートル超の重層建造物と考えられている。ちなみに迎賓館は館舎と称し、(7) 欽明紀以降、こうした館が散見される。推古紀十六年四月条に「難波吉士雄成を遣して、大唐の客裴世清等を召す。唐客のために、更新しき館を難波の高麗館の上に造る」などとみえる。

2　石上神宮と出雲大神宮（熊野大社と杵築大社）

神宮を呼称する建造物についてはどうか。まず石上神宮を取り上げたい。天武紀三年八月戊寅朔庚辰条に、忍壁皇子を遣し膏油をもって神宝を瑩かしめ、同時に神府に貯めた宝物をいま皆その子孫に返還せよと命じている。

石上神宮はその確かな事例であると同時に、神宮の呼称がこれ以後消滅することにも注目しなければならない。神宮は神府・神庫と対応する点を見逃すべきではなかろう。本来所属する諸家の神宝を返却するというのは、神府を解体して一般の社（祠）に降格させる狙いがあり、神宮の名義を考える際、看過できない要素といえる。この前後は、壬申紀に天照大神が出現し、同三・四年紀には大来皇女・十市皇女らが伊勢神宮に参向しており、石上神宮の神府解体は、国家祭祀の中枢を伊勢神宮に移管させようとする布石ではなかろうか。神宮の名称は記紀ともに一貫していて、従来の神府（庫）の表記を無視し、武器庫の側面のみを強調する見方は反省せねばならない。武器はあくまで神宝であって、多くは神霊の依憑する対象物と信じられていた。持統紀四年正月戊寅朔の即位儀条に、「忌部宿禰色夫知、神璽の鏡剣を皇后に奉る」とあり、神祇令も同様。いわゆる三種の神器の原型は、元来剣鏡の二種であったことがわかる。神武記に、熊野高倉下に授与された建御雷神の平国の剣、これは分注に「名は佐士布都神ト云ふ。亦の名は甕布都神ト云ふ。亦の名は布都御魂ト云ふ。此ノ刀者、石上神宮に坐す」とあり、神武即位前紀には「韴霊（ふつのみたま）」と記している。フツノミタマは、あるいは素戔嗚尊（すさのを）（速須佐之男命、以後スサノヲの略称を用いる）が出雲簸ノ川上で八岐大蛇を斬った蛇之麁正（あらまさ）（神代紀一書第二）・蛇之韓鋤剣（からさひ）（同第二）・天蠅斫剣（はきり）（同第四）についでは、一説に石上神宮に所蔵された（同一書第二・古語拾遺）とある。なお、大蛇を斬り裂いて尾のなかから得た草薙剣は、ヤマトタケル伝説によれば、元来伊勢神宮にあったと伝えている。後述のように、石上神宮・伊勢神宮双方に因んだ神剣がスサノヲと結びつくのは、今後の検討課題といわねばならない。岡田精司は、度会宮（内宮）の床下に鎮座する心御柱（天照大神と同一視される）とは、神代紀天孫降臨条第二の一書に、天忍穂耳尊の降臨にあたり高皇産霊尊が授けた天津神籬（ひもろぎ）はこの心御柱をいうと説くが、一方、天照大神は神勅とともに宝鏡と斎庭の穂を与えている。岡田は斎庭の穂が内宮の荒祭の稲倉に連なり、神籬と一体化したとみる。(8) また前川明久は、多気の斎王宮近傍にあった心御柱の上に移築して内宮の正殿とした。それに神勅と宝鏡授与のことが天孫降臨神話に架上された時期は、天武朝またはそれ以降とする通説を支持し、前後に内宮の神体として心御柱のほか鏡が付加されたと主張した。(9) ところが、心御柱は神籬・磐座と同様、あくまで神霊の依憑する場であって神体そのものではない。また式年遷宮に際して製作・貢進される天平賀(=平瓶。平たい土器の皿・つぼ)は、神宮関係史料によれば正殿・別宮の宮柱の柱根に安置される祭器ではあっても雑然と積み重ねられたものといい、そこに神饌が盛られたとは考えられない。崇神紀に大彦命が武埴安彦征討の際、和珥(添上郡)に忌瓮(甕)を据え対峙したとあるように、心御柱の聖域を守護する牆としたものではなかろうか。敢氏が天平賀貢進に関与したのは、新たに多気大神宮の心御柱を度会宮に移設したことにともなうものであろう。敢氏は阿倍臣と同祖(新撰姓氏録)で、膳臣を介して御食津神との関係が生まれたことを連想させるが、伊勢には阿倍臣の勢力(皇極紀二年十月条に、伊勢阿倍「敢ヵ」堅経の名がみえる)が浸透しており、敢氏が基本的に御饌の神事に参入する基盤があったかどうか断定はできない。私見は宝鏡と心御柱とは区別すべきと考えたい。

心御柱の概念が成立する基底に中国思想の影響によると思われる「天柱」があり、この意識の延長線上に神宮成立の本質があると考えているが、問題に入るに先立ち、記紀神話等を通じてさらに心御柱の意義を究明していきたい。天照大神降臨の伝承はさきの垂仁紀以外には記紀神話にも伝えられていない。だがこの点は留意すべき要素がある。なぜなら天照大神降臨が伊勢神宮創祀の伝承と結びついているからである。思うに私見は、内宮の心御柱が多気大神宮の度会への遷祀、それにともなう式年遷宮の実施によって形骸化したが、天武朝以前の一定期間は文字どおり天柱を意識する高殿または楼閣風の建造物であった。それが本来の神宮の意味であって、用明即位前紀の「神宮」はまさにこの点を強調したもの。国家鎮護・聖廟としての「神宮」とは異なる。心御柱は天上への通路となる懸け橋に他ならないのである。

伊勢神宮に対比される石上神宮の構造を検討してみよう。垂仁紀八十七年十二月丁亥朔壬申条につぎの記載がある。

五十瓊敷命（垂仁皇子）妹大中姫に謂りて曰はく、「我は老いたり。神宝を掌ること能はず。今より以後は必ず汝主れ」といふ。大中姫辞びて曰さく、「吾は手弱女なり。何ぞ能く天神庫に登らむ」とまうす。（中略）。五十瓊敷命の曰はく、「神庫高しと雖も、我能く神庫の為に梯を造てむ。豈庫に登るに煩はむや」といふ。故、諺に曰はく、「天の神庫も樹梯の随に」といふは、此其の縁なり。

神宮の管理について神庫の高さと懸け登る梯子が対比されている点が注目される。書紀編纂前とさほど遠くない頃、梯子を要する高倉が実際にあったか、あるいは諺の文言に存するような史料が伝えられたか、そのいずれかであろう。(10)「天之神庫」と形容されるような天空に聳え立つ高床建造物を指すことは確かと思われる。建御雷神の「平国之剣」が天から降下し、神武即位前紀の形容に従えば、その剣は「倒に庫の底板に立てり」とある。宝剣をえた高倉下の名の由来になったことを思えば、宝剣と高倉の関係はまさに天上と地上をつなぐ天柱そのものとみなければならない。

つぎは出雲大神宮の「神宮」に問題を遷そう。崇神紀六十年七月条に、

群臣に詔して曰はく、「武日照命〈神代記—建比良鳥命〉一に云はく、武夷鳥といふ。又云はく、天夷鳥命といふ。の天より将ち来れる神宝を、出雲大神の宮に蔵む。是を見欲し」とのたまふ。則ち矢田部造の遠祖武諸隅一書に云はく、一名は大母隅と云ふ。を遣して献らしむ。

とある。神宝を司掌する出雲振根は、その際、筑紫に出向き留守であったが、帰国後、弟の飯入根が兄に無断で貢進したことを知り、奸計を設けて斬殺する。意宇国造家には神宝が伝来したとされ、『類聚国史』(11)天長七年四月二日条に、

皇帝〈淳和〉大極殿に御し、出雲国造出雲臣豊持献ずる所の五種の神宝兼ねて出す所の雑物を覧そなはす。

とあり、おそらくは古く熊野大社に神庫が存し、記紀編纂前後には意宇国造家が直接管理する状況が生れたのであろう。出雲大神宮が現在の熊野大社か、または杵築大社かそのいずれともきめかねるが、あえて推理すれば、生来唖者のホムツワケ（品牟都和気〈記〉、誉津別〈紀〉）について、垂仁記に伝える説話によれば、出雲大社が天皇の御舎のごとくに我が社を修理すれば、かならず「真事登波牟」と託宣したこと、曙立・菟上二王を副えて出雲大神に参詣し、肥河（簸川・斐伊川）の流域に「檳榔之長穂宮」（仮宮）を

造り滞在したこと、またこの地で出雲国造から供饌を受けはたして口を利くことをえた、等の伝承を記している。国造の供饌からみて、出雲国造の本貫地はやはり簸川平野を中心とする杵築となる可能性が高い。ホムツワケの奇跡に因んで神宮の造営が計られたとすれば、杵築大社はよりふさわしいであろう。出雲国造の本来の基盤が杵築周辺とすれば、神宮管理が意宇国造に移管される過程は、出雲の首長層が王権に服属する史実を表象するものである。

斉明紀五年是歳条に「出雲国造に命せて、神の宮を修厳はしむ」とある「神の宮」は、同条に「於友（意宇）」郡の名を記すことからみても、現在の熊野大社を表示していることは明らかである。神体を杵築から意宇に遷すことで、出雲大神を従属させ権威の弱体化が図られたと考えたい。神宝自体を国造の直接管理に委ねるにいたった背景に、そのような理由があったものと推察される。

杵築大社に関しては、二〇〇〇年に境内の遺構調査が実施され、総直径が三メートルに及ぶ三本一組の巨大な木柱痕（心御柱）が発見され、推計で千木天までの高さが四十八メートル（十六丈）に達し、空中に浮かぶ神殿ともいえる高層建造物であることが明らかになった。(12) 降臨の天神（武日照命—崇神紀）と交歓する神聖な場であると同時に、「天より将来の神宝」が保管される神庫であったと推測される。さきの飯入根と出雲振根の抗争を語る説話については、ヤマトタケル（倭建命・日本武尊）が出雲建を誅殺した際に用いた偽計と表裏であることなど、史実としての信憑性が低いとする説(13)が一般的だが、杵築大社と熊野大神が東西に対峙する経緯からしても、何らかのよるべき真実を反映しているとすべきであろう。

神宮と対比される語に社（祠）があって、伊勢神宮については相当長期にわたって「祠」が使われた。これは天照大神が倭姫命（ヤマトヒメ、以後この略称を用いる）に依憑し遷祀の地を求めて流浪する説話に反映されている。かつては祭儀場が卜定によってきまり、祭祀が終了すると神を安置する「仮宮」は取り毀されて移動した縁によるもの。斎宮はあくまで祭儀のための仮の施設で、そのことはのちの大嘗祭のときの悠紀・主基殿（斎宮）に明示されている。天武紀十年正月己丑条に注意すべき記述がある。「畿内及び諸国に詔して、天社地社の神の宮を修理せしむ」とみえ、この修理が社を鎮座する場と解しうるならば、同じ定められた場所に「宮」すなわち常設の殿舎を設置することであり、元来多くの神社（祠）が単に祭儀のための「仮宮」であったか、または施設のようなものがつくられなかったことを示すと受け取られる。その場合、常設の殿舎が必要となる条件があり、神祠が神宮に転換する動機となったが、それでは理由は何であろうか。

3　天柱神話と神宝（レガリア）の伝受

神宮の本質と意義には二つの側面があった。以下それを整理してみよう。

⑴　中国的世界観、あるいは道教思想を反映した天柱観念に基づく神殿（高床建造物）の構築であって、天柱の語は古事記神代巻の「天の御柱（忌柱）」が著名なこととはいえ、それとは別に、神代紀国生

み条第十の一書にイザナギ（伊奘諾尊）・イザナミ（伊奘冉尊）が光彩麗わしい日神（大日孁貴）を生み、六合に照り輝く姿をみて、久しくこの地上に留まらせず、早く差し上げ天空を統治させようと考える。記述によれば、「是の時に天地相去ること、未だ遠からず。故、天柱を以て天上に挙ぐ」とあって、この際の天柱は中国の宇宙観（『准南子』天文訓、『楚辞』天問等にみえる）にいう天上と地上を支える橋の意で用いられている。したがって七世紀の推古朝頃には観念的に天柱を通じて天地を往来する思考法がすでに伝来していたと推測できる。高天原の神々は天柱を介し葦原中国を往来したはずで、神宮の心御柱は単なる忌柱ではなく神人双方が高殿・高倉に籠り交歓する（人格神形成の一の背景）手段として意識されたと思われる。さきの「天の神庫」に懸ける樹梯の意は、『万葉集』巻十三の「天橋も　長くもがも――（三二四五）」の詞も、天に登る懸橋の存在を意識したことの反映であろう。

(2) 天神降下にともない将来した数多の神宝類、また天神の象徴として物的証拠（中央権威を示すレガリア）を保管する施設（神庫・宝殿）。レガリアの代表例は天孫降臨神話等の宝器をあげうる。真床覆衾（書紀本文）、八坂瓊曲玉・八咫鏡・草薙剣三種（いわゆる三種の神器[14]―同第一の一書、古事記）。宝鏡（紀第二の一書）。これら神宝は書紀の一書にまったく触れていないものもあり、第二の一書など宝鏡のみの例がある。天照大神は天忍穂耳尊に「吾が児、此の宝鏡を視まさむこと、常に吾を視るがごとくすべし。与に床を同じくし、殿を共にして、斎鏡とすべし」と告げる。古事記にも、「此の鏡者、専ら我が御魂ト為而、吾が前を拝むが如、伊都岐奉れ」と教えている。天照大神と同体、とくに宝鏡を神体そのものとみなす伝承は、通説のごとく最終的な発展段階ととらえてよいであろう。天孫降臨神話の「神器」のうち、ヤマトタケル伝説の草薙剣や天岩戸神話における小瑕の着く鏡を、「此即ち、伊勢に崇秘る大神なり」と記すなど、宮廷伝来の神璽（剣・鏡二種）とは明確に区別されなければならない。

垂仁紀の天照大神が度会磯宮に降臨したという伝承からみて、伊勢神宮の「神宮」の由来を考えると、かつて天神が将来したとする神宝が受け継がれ、草薙剣や宝鏡を収蔵する「神府」が設けられた背景を想定することができよう。天照大神が皇祖神の地位を確立したことにともない、これら神宝は天孫降臨神話の、二種の瑞宝（神器）と混同されるにいたったと思われる。伊勢神宮（神祠）が元来辺地にありながら大和政権とのつながりが深く、神宝類は中央権威の象徴として意識され、天孫降臨神話との関連が生じたといえよう。ただ出雲大神の神宝でも知られるように、中央権威を神宝類によって誇示しようとする意想はなにも大和政権の大王にかぎったものではなかった。神武即位前紀によれば、この種のレガリアは「天表（あまつしるし）」と呼ばれ、磐余彦（神武天皇）が「汝の奉ずる主君（饒速日命）が真に天神の子であれば、その表を見せよ」と長髄彦に命じ、それに答えてナガスネヒコが提示した「神宝」に対し、イワレヒコも自らの反証として同様のアマツシルシ、すなわち天羽羽矢一隻と歩靫をみせている。天表が天羽羽矢と歩靫であったとすれば、神代紀下天孫降臨条第四の一書に、大伴連遠祖天忍日命が天槵（くし）津大来日を率い天磐靫・稜威高鞆・天梔弓・天羽羽矢を保持して天孫を護衛した、その武具と同類であったとも受け取られる。記紀神話成立段階の天神・国神の基準はあいまいで、畿内の巨大豪族のほか地方の有力首長も含め、一様に天神の後裔を称した蓋然性が高い。

天皇制成立以前の大王家の地位は選別され優越する資格であったとしても、たとえ形式的にせよ畿内首長層の合意によって大王位に推戴される受動的なもの（首長制）であり、けっして万世一系、固有の統治権を保有するものではなかったのである。

畿内周辺の伊勢・石上二神宮が対立し共存することの意義と展望を述べておきたい。律令制成立以前の即位礼がどのようなものであったか、孝徳即位前紀の例から推測してみよう。即位前紀によれば、

> 軽皇子、固辞ぶること得ずして、壇に升りて即祚す。時に、大伴長徳字は馬飼。連、金の靫を帯びて、壇の右に立つ。犬上健部君、金の靫を帯びて、壇の左に立つ。

とみえ、地上より一段高い壇に昇ることが明記されている。壇は即位礼の際に天皇が坐る、タカミクラと呼ばれる玉座の意だが、『続日本紀』文武即位元年八月庚辰条の即位宣命に「天津日嗣高御座の業」とあるタカミクラの業とは、即位そのものを指示する。クラの座と鞍は同根で、人や物を乗せるような台や高い場所のこと。その点、倉（蔵）のクラも『万葉集』巻十六に「新墾田の　鹿猪田の稲を　倉に挙蔵みて（三八四八）」とあるように、多くは高床式建造物にあたり、原義は高い場所を表示している。孝徳紀の軽皇子はなぜ壇上に昇ったのであろうか。即位礼がどこで行われたのか、その場所は記録されていない。皇極紀四年六月丁酉朔甲辰条に、中大兄皇子が鞍作臣（蝦夷）暗殺後、非常に備え法興寺に参入したとある。諸

皇子・諸王・群臣らが「悉に皆随侍」したと伝えるので、一応は法興寺境内で挙行されたとも考えられる。[15]だがこれは臨時の措置で正規の即位礼であったかどうか疑問はある。持統天皇即位礼以前には、歴代天皇の就任儀礼は伝えられておらず、孝徳即位の場合が唯一の例といってよいから、むしろ非常の儀式であったからこそあえて記録にとどめられたとみるほうが自然であるかもしれない。孝徳朝の前期難波宮以降は曲りなりにも宮廷の常設的な施設で催されるようになったと考えられるが、六世紀代の飛鳥京以前は遷宮の慣習（後述）が残り政情も不安定であったとみられるので、はたして個々の宮室でまとまり整備された即位礼が実現したか疑わしい。〝稲祭り〟のような公的祭祀の一環として行われる（のちの践祚大嘗祭の原形のような）か、あるいは特定の施設、たとえば「神宮」のような公的機関が利用されたかそのいずれかであろう。大和政権の枠内で二様の神宮が共有される意義は何であろうか。古来石上神宮は王権の武器庫（天之神庫）として、原始国家が担うべき二大主権の一方を代表する軍事機能の中枢となる象徴的存在であった。

神庫は武器庫とはいえ祭祀施設の側面を残すが、反面中央豪族の物部連との関係が深いなど世俗的色彩が濃厚であった。この石上神宮は饒速日命（物部連等祖）将来の十種瑞宝（『先代旧事本紀』天神本紀・天孫本紀）、新羅王子天日槍の献上した神宝（垂仁紀）、その他諸家の貯めた宝物（天武紀）を収納する神府であり、これら宝物は内外の王・首長が服属を誓約する証として献上された象徴性の高い財器であったから、領袖（首長層）を束ね支配する大王の実権行使のための即位儀の斎場にふさわしいと思われる。石上神宮の周辺には石上穴穂宮（安康）・石上広高宮（仁賢）と、いずれも五世紀代の宮都が存在し、また石上神宮は政治・社会的弱者を一定期間保護する逃亡所（アジール）の機能を保有していたとする指摘がある。[16]上田正昭の論考のほか小論も若干見解を披瀝したことがある。[17]アジールの意義は、逃亡者の隠匿・保護だけでなく、諸権利の保護、係争の調停・仲介等、多分に公共性のある役割を担った点を考慮すべきであろう。草創期の大和政権においては政治紛争や混乱が断えず、そのための調整機関を必要としていた。邪馬台国卑弥呼の政権でいえば、世俗の王を推戴したとはいえ、首長間の勢力均衡は、実質的に女王の神性に依存する点が大であったことを配慮すると、王位継承は武力衝突の結果というよりも首長間相互の信頼と和合で実現し、世俗の石上神宮といま一つの国家主権を代表する伊勢神宮（神祠）双方の神権行使が、政治的均衡を保つうえで多大の貢献をはたしたとみることができよう。

Ⅲ　書紀の「斎王」選定伝承と大嘗祭の本義

1　「日神の祀」と酢香手姫皇女

新羅の神宮（宗廟）へは国王自らが参詣し祭祀を主宰（親祀）するのに対し、伊勢神宮の場合は天皇ばかりか皇族男性はいっさい関与することができなかったとされる。なぜ皇族女性が斎王（女）に選任されたのか、また斎王の籠る「斎宮」とはいかなる働きや機能があったか、斎王が遠くヤマトを離れ、はるか伊勢にまで出張ることとの意味は偶然とはいいがたく、神宮の由縁を考えるうえで斎宮の存在を抜きには理解しえないといわねばならない。岡田精司は、伊勢斎王が犯されるという伝承の多い点に着目し、これは神と巫女の聖婚を反映したもので、斎王が〈神妻〉として奉仕する関係を示したものと説いた[18]。しかし神宮（神祠）の主神が女神（天照大神）と解釈すれば矛盾は大きい。斎王が神宮（斎王宮）になかば常駐することが立て前とすれば、その間に存在した推古朝前後の酢香手姫皇女や天武朝の大来（伯）皇女は明らかに姦通による退下とは結びつかない。用明朝以前の伊勢神祠と斎王の関係や動向は明確な史料的裏づけを欠くが、その場合でも姦通による退下と神妻としての聖婚は区別してみる必要がある。酢香手姫皇女の選任は、従来とは異なり斎王宮に滞在するシステムに基づき、三代にわたって「日神の祀」に奉仕したとする伝承を記している。神祠に代り「神宮」の称を用いたように、推古朝前後の斎王の性格や役割に一定の変化が現れる。後の斎王選定は当代かぎりとされ原則的に天皇崩御や譲位によって退下するが、神祠と呼ばれた時期の斎王任免は正確には把握しがたい。私見としては祭儀の性質上、任期は当代天皇かぎりとする約束があったのは事実と思っている。ところが用明即位前紀に登場の酢香手姫皇女は実在を確かめうる最初の斎王とみられるが、用明・崇峻・推古三代に歴仕したとあり、当代天皇かぎりとする原則とは矛盾する。ただこの用明・崇峻朝は丁未の役（五八七年）にともなう内紛と政権の動揺が重なり、実質選任は推古朝以降とする見方もありうる。そこで当然関連を検討せねばならないのが聖徳太子摂政の問題である。「総摂万機、行天皇事」（用明紀元年正月壬子朔条）、「録摂政、以万機悉委焉」（推古紀元年四月庚午朔己卯条）の記述を文字どおり受け取れないにせよ、『上宮聖徳法王帝説』[19]に「嶋大臣共輔天下政」とある記述に若干の史実性を認めるならば、用明即位前紀に「此の天皇の時より、炊屋姫天皇の世に逮ぶまでに」、また「或本」に「三十七年の間」日神の祀に奉仕した、その酢香手姫皇女が葛城に退隠したときが、ちょうど聖徳太子薨去の年（推古三十年壬午〈六二二〉、『天寿国曼荼羅繡帳』、『法隆寺釈迦三尊造像記』[20]）と重なることから、事実を聖徳太子の死と結びつけようとする説がある。門脇禎二は厩戸王（聖徳太子）が推古三十年壬午まで大王であり、その死後に推古女帝が即位したので、酢香手姫の斎王女退下はまさにその事実と符合するとする。[21]用明天皇には正妃の穴穂部間人皇女、嬪の石寸名、妃の広子があるが、酢香手姫を除けばすべて男子（六男）であった。聖徳太子にとって、酢香手姫は唯一の異母妹にあたり、もし女帝推古を補佐して何らかの執政の任に即いたとすれば、酢香手姫が聖徳太子の死を契機に退下する可能性がないとはいえない。だが用明天皇即位元年から三十七年の年紀がいかなる根拠で算出されたのか、後世聖徳太子として摂政（録摂政）説、聖王観が浮上することにより意図的に造作された疑いも払拭できない。結局、自らの意志で葛城に退隠したが、日時は定かではないとするのが無理のないところであろう。このように天武朝以前の斎王の動向は判然としないが、斎王がなぜ姦通を理由に解任されねばならなかったか、同時に天皇在位一代かぎりの慣行（約束）がなぜ生れたのかその命題は未解決のままであって、その背景は別途に究明する必要がありそうである。

祭儀の重要性ということでいわば当然と思われがちだが、斎王の選任・退下にともない往復の際、厳重な禊祓が行われる理由が、斎王の天皇在位一代かぎりという約束と何らかの関連があるのではなかろうか。斎王は往路の潔斎を経て清浄になり、復路の禊祓によって常態に戻るともいわれるが、実際は潔斎（ミソギ）が具体的な汚穢・不浄（死・出産・月経等）な物質に触れ、あるいはそのような行為の実践と深くかかわっている。この点は天皇崩御が退下の主要な動機となる説明でもある。だが伊勢神宮（神祠）の祭りは五穀豊穣を祈ると同時に、自然条件のほか文化的・社会的な境界・障壁にともなう災厄を払い除去することにあり、単なる神饌の供進に止まるものではなかった。そのためにもヤマト中心でみれば辺境の伊勢で一大神祠の、重要な祭儀が行われたと考えている。境界や衢の祭儀は本質的に災厄を払い防除すること

（大解除・大祓）であり、その場合しばしば柱と呼ばれる供犠が実施される。後述のように、伊勢神宮の祭儀にも大祓の神事が付随しており、かつては同様の供犠が行われたのではないかと考えている。後世の伊勢斎宮関係の史料によれば、斎王の伊勢神宮遣侍に際してはまったく執拗とも取れる禊祓が繰り返され、伊勢神宮や斎宮は神秘の雰囲気に包まれるなかで清浄かつ神聖な儀礼や神事が執行されるという印象が避けられない。その場合、伊勢神宮に奉仕する禰宜・内人らの祠宮（神職）はもちろん、神宮とは無縁の部外者が斎王の身辺に近づくことができたとはとても想像できない。ところが記紀伝承によれば、大化前代の斎王の任期中に明確な例では二度も姦通事件が起こり解任されているのである。従来の研究の多くは無視するか不当な造作として認めない場合が多いが、詳細は後述するように、伊勢神宮の起源を考えるうえで容易に看過できない重要な意義をもつと思われる。神妻とも受け取れる聖職の斎王にとって姦通はきわめて唐突であること、解任されたあとあらためて罪科に問われることもなく、また後継が遣侍する例もないこと、など、考えてみれば不可解な事柄や謎が多い。私見はこの「姦通」は少なくとも事件としてとらえるべきではないとみているが、この問題についてはひとまず措き、従来単純に斎王を神妻として聖婚の対象と考えられてきたことをふまえ、まず記紀その他の聖婚伝説を取り上げ、本質的に聖婚とは何を意味するかを整理してみよう。

2　伊勢神祠の原初形と虹蛇神崇拝
――雄略紀の栲幡姫皇女自殺伝承の背景――

古来文献にみる巫女的女性の聖婚伝説は、三輪山伝説と丹塗矢伝説が著名だが、この二つの伝承には根本的な相違がみられる。崇神紀十年条に、崇神天皇の姑、倭迹々日百襲姫命が大物主神と通じ神妻となる伝承を載せるが、古事記にはみえない。夫が夜ごとに姿をみせるが、日中に訪れないのを不審に思って問い詰めると、明朝汝の櫛笥に入って待つと答える。百襲姫は夜が明けるのを待ちかねて櫛笥を覗くと、一匹の美麗な小蛇が入っていた。驚いて悲鳴をあげると、夫は自分に恥をかかせたとしてたちまち人形に戻り、空を飛んで三諸岳に昇ってしまう。妻は後悔の末に箸で陰部を突き刺し自害する。表面上は自害ながら実質神罰を蒙っての死であることに疑いはない。一方、丹塗矢伝説の場合は神武記と山城国風土記の二例が知られている。前者は神武帝の大后、比売（富登）多多良伊須気余理比売の出生に関する説話。三嶋湟咋の女、勢夜陀多良比売の美麗を聞き伝え、美和大物主神が秘かに厠の溝に丹塗矢と化して入り込み、美人の番登（陰）を突いた。驚いた美人がその矢を取り上げて自宅に持ち帰り床辺に置いたところ、壮夫が出現し通婚した結果、女子を生む。山城国風土記の逸文にも類似の伝承があり、玉依日女が瀬見小河で川遊びをしたとき流れてきた丹塗矢を拾い取り、同じく自宅の床辺に置いたところ壮夫になり、二人は通婚して男子を出生したという。丹塗矢伝説の骨子は神婚の経緯を語るもので、三輪山伝説では神婚に破れ神の怒りを買って自殺するので似非なるものがある。上記の三輪山伝説・丹塗矢伝説についてはいずれも通常の神婚形式であるが、以下に述べる雄略紀の栲幡姫皇女の場合、同じ自害にいたる伝承でも三輪山（箸墓）伝説とは性格が異なる。実質的な伊勢神宮（斎宮）の起源伝説ともみられるので、詳細に検討することにしよう。

一般に斎宮の起源は垂仁紀のヤマトヒメが天照大神の遷祀の際の御杖代として伊勢に入る伝承が知られるが、史実としてみたときに、継体朝の斎王、荳角（佐々宜―記）皇女の伝承をあげる場合が多い。記紀の双方にみえることから、実在に信憑性があるからである。これに先立つのが雄略紀の栲幡（稚足）姫の伝承で、元年三月是月条に「是の皇女、伊勢大神の祠に侍り」と記している。だが稚足姫皇女の名はあくまで葛城圓大臣の女韓媛の生むミコとしてのもので、栲幡は「更の名」とはあるが、その後は「斎王」としての行動、また自害にいたる経緯のすべてに「栲幡姫」が用いられていて、帝紀的記事と旧辞伝承には若干の乖離がみられるかもしれない。栲幡姫の伝承は史実性に問題のある独立した物語としてつくられた可能性もあるが、伊勢神宮の起源を探究するうえで見逃しえない示唆を与えるもので、とりあえず事件の概要をまとめたい。

栲幡姫皇女自殺の動機や舞台の背景は何か。雄略紀三年四月条に、阿閉臣国見（伊勢の豪族）が、皇女を湯人廬城部連武彦が侵犯し懐妊させたと讒言しうわさを流した。伝え聞いた父の枳莒喩（きこゆ）が武彦に偽計を授けこれを謀殺すると、知らせを聞いた天皇は使者を派遣して糾問させる。栲幡姫は否定するが、ほどなく神鏡を齎(と)り持(も)ち脱走するが、あげくの果て自殺する。上記は自殺の原因の説明だが、じつのところ自殺の理由が姦通の嫌疑によるものかどうかわからない。またその死が自殺によるものかはその後の奇怪な現象と引き比べるといっそう謎が深まる。行方を探索していた天皇の使者は、度会の五十鈴川上に到達したとき、不思議な目を奪う光景を目撃する。まず第一の疑問は、天皇があらかじめ使者に暗夜の捜索を命じていたこと。それは闇夜の捜査によって、当初から神瑞が現れるよう予想されていたことが知られる。すなわち、「河上に虹の見ゆること蛇の如くして、四五丈ばかりなり」と形容されるような神秘が出現した。虹の立つ現象ばかりでなく、これによってただちに皇女の屍を発見したから、これこそ神の与えた啓示ということができる。この兆徴は蛇虹と呼ばれるもので、蛇体のように見える虹のことであろう。その一例を示すと、宋の葉廷珪の『海録砕事』（帝王・徴兆）に「大史令康相劉聰に言ひけらく、蛇虹見えて天に彌る。一は岐れて南に徹り、三日並びに照れり。此皆大異なりと。その徴遠からず」とある。中国では古く虹は竜の一種とみられていたらしく、『説文』に「虹、螮蝀なり。状(かたち)、虫に似る」とあって、虫を蛇の類と見立てたものらしい。中国の諸典籍に明確な意味での竜と一体化させた説はみあたらないが、殷以降戦国時代までの画像資料にはしばしば双頭の竜が描かれている。[22]『爾雅』釈天疏に「虹雙び出づ。色鮮かに盛んなるは雄と為し、雄を虹と曰ふ。闇きは雌と謂ひ、雌をば蜺と曰ふ」とみえるように、虹を生命体と採り、雄・雌の区別をつけたのはさきの双頭の竜の反映であろう。

　虹が蛇であるとの認識や信仰は、むしろ日本のほうが顕著であったようで、とくに与那国から奄美にいたる琉球列島は全域で普遍的にみることができる。宮良当壮は、「ニジ（ヌジ）の語源の蛇類の総名にあたるナギ（ナジ）に求めることができる。これはニジ（ヌジ）の語尾がg音（ガ行音）になっていることを知れば容易に首肯し得ることと思う」と述べ[23]、また柳田国男も、虹の本来の語音はジュージ、ニュージで、これには「畏しき霊物」という意味があり、大蛇や鯰など池沼の主（霊物）がもとはニジという語として、うなぎなども含めた長虫の一種の名として用いられたと考えている[24]。本土においても、大林太良が指摘するように、長崎県西彼杵郡の例では虹と蛇の関係を示す民間伝承を紹介している。要点を記すと「天から蛇が虹を伝わって降りて来て川（音無川）の水を腹一ぱい呑み乾すと昇天し、やがてその水を雨と降らすので、昔は蛇のほこらを作って祭った」という。なお、大林は、虹が日本では川や池、沼などの水辺から立つという信仰が広い地域に分布していると述べている[25]。一方宮良当壮は、「南島民間信仰では、水中から霊物が崛起すると考えるよりも、寧ろ、天上の霊蛇が下界に天降って井戸・川・沼・池などの水を飲むと云うのである」とする[26]。沖縄は島嶼であり池沼等に恵まれない自然環境に影響されたと考えられるが、このような思考は中国でも古くからあって、『漢書』（巻六十三、燕刺王伝）にも、虹が天から降下して宮中に属（住み着き）し井水を飲んだので、水泉が枯竭したとあるので、中国からの竜蛇信仰の伝播がみられたかもしれない。中国の竜はすべて想像上のもので実在しないが、日本の場合、蛇は巷間の何処にでも見られたから、日本の虹は如何に想像を絶する「畏しき霊物」であっても、現存する長虫の延長上の異類でしかない。したがってやはり池沼等水辺から立ち昇るとみるのが自然の発想ではなかろうか。

栲幡姫皇女は伊勢「斎王」のはずである。しかるに雄略紀をみると、記紀の垂仁・景行段に伊勢神宮や天照大神の名が現れ、自害する場所も五十鈴川上と記すにもかかわらず、神宮関係の記事はまったくみあたらない。この点は異次元の伝承であることを示唆するものではなかろうか。注目したいのは、栲幡姫皇女の自殺をめぐる屍体発見にいたる経緯である。まず「虹の起てる処を掘りて、神鏡を獲」と記すことから、虹の立つ奇瑞が宝鏡発見の兆徴であったことがわかる。だがこの宝鏡は栲幡姫が逃亡の際に持出したものなので、ふつう英雄伝説に通有の神宝出現にみる劇的効果は薄い。つぎに皇女の屍発見については、「移行未遠にして、皇女の屍を得たり。割きて観れば、腹の中に物有りて水の如し。水の中に石あり」と続く。皇女の自殺は、武彦との密通により懐妊したとの噂に抗議することにあり、使者が確認のため腹を割き、その結果清廉潔白が立証されたが、あえて、死者を冒瀆する行為に出た挙句、みつかった水中の石の意味は何であろうか。まず考えられるのは巫女の神石懐妊出産の説である。(27)『日本国現報善悪霊異記』下巻、第三十一話に、美濃国方縣郡の二十有余歳に及ぶが未通の女が懐妊し、三年を経て二つの石を出産する。一つは色が青白の斑で他方はすべて青色であった。五寸大でしかも年々増大する。ときに厚見郡(稲葉郡)に伊那婆という神があり、卜者に依憑して託言し、「先に生まれた石は我が子である」と告げた。そこで女の家に忌籬(斎垣)を設けて斎き祀ったという。この平安初期ごろまでは民間の女巫には霊石を出産する神秘が往々にして介在したのであろう。つぎに考えられるのは、中国の始祖・英雄譚にしばしばみられる神石による出生の物語である。(28)一例を示すと、夏王朝の始祖禹は、『淮南子』脩務訓に母が石に感じて出生した子と伝え、また『漢書』武帝紀元封元年正月条に、皇帝が潁川県嵩高山に登り夏后啓の母石をみたと伝え、その顔師古の注に、禹の妻塗山氏が嵩高山の下にいたり化して石となり、啓を出生したと記している。また垂仁紀三十四年条に、天皇が河中に現れた大亀を矛を挙げて刺し、その験により綺戸辺を召し寄せ、石衝別皇子が生まれたとする。石衝別皇子は継体天皇母振媛系の祖系譜（『釈日本紀』所引上宮記一云）の上祖にあたり一種の始祖伝説とみることができよう。しかし雄略紀の栲幡姫皇女の伝承はたとえ石を懐妊の徴とみることができたとしても、それでは皇女の潔白を示すことにはならず、現実にすでに自殺しているのであるから、まして出産の事実とは結びつかない。憶測になるがこの栲幡姫の伝承は、元来存在した別箇の伝承を改作したものではなかろうか。その場合、私見はどうしても皇女の腹中を裂いて石を発見したというモチーフが気がかりである。虹蛇の下には財宝があるとの条件が虹蛇伝説の重要なポイントであることを配慮すれば石を宝鏡に置き換えてもよいが、伊勢神宮にはさらに草薙剣とヤマトヒメの関連があり、雄略紀の現構想はあくまで栲幡姫が密通・懐妊の嫌疑と自殺を前提としていることを考えると、本来まったく別の伝説が語られていた可能性もある。虹は吉凶両様にとらえられる傾向があるので、虹の出現を兆徴とみるよりも、「見ゆること蛇の如くして」とあるように、むしろ蛇神そのものの存在に重点を置いた記述になっていることが注目される。それは伊勢神祠の原初形が蛇神（竜蛇神）を祀るものであったことを暗示するといえる。ヤマトヒメは伝説上初代の斎王であり、このヤマトヒメは悲劇の英雄ヤマトタケルに神剣草薙剣を授け、この草薙剣は神話と伝説の越えがたい障壁を有するとはいえ、素戔嗚尊が八岐大蛇退治の際、大蛇の尾中より発見された霊剣であった。雄略紀七年七月条に、雄略天皇が少子部連蜾蠃(すがる)に命じて三諸岳（三輪山）の神の形をみたいとして大蛇を捉取(とら)えさせた話がみえる。三輪大物主神も蛇神とする記述（崇神紀）があった。伊勢神祠は三輪山とは腹背の関係にあり、原初の伊勢神祠の祭神は蛇であった蓋然性は高い。また虹蛇神と財宝の関係からすると、裂いた腹中（尾中）から神宝が発見されるというモチーフは、栲幡姫の所持した鏡と剣の相違があるとはいえ、素戔嗚尊の出雲簸(斐伊)川上での八岐大蛇退治の神話は素戔嗚尊が根国に下る途次の挿話として生まれた性質のものだが、記紀神話の体系からすると孤立した神話であり、断片的である。何よりも八岐大蛇の尾中から取り出された剣は草薙剣とも称し、その他いくつかの名をもつ。草薙剣の称呼からみれば、明らかにヤマトタケル伝説と結びつくもので、かつて直木孝次郎がヤマトタケル伝説は伊勢神宮の霊験伝説にあたると述べた点が想起される[29]。またそのクサナギのナギ（nagi）は蛇の古語[30]を意味することから、クサナギの剣は「猛蛇剣」ともいえるような霊異をもつ剣の通称で、いくつものクサナギの剣が存在したとする説[31]があるが賛成できない。神話伝説の成立は一定の系統論として把握すべきであり、少なくとも草薙剣がヤマトタケル固有のアイテムとして認識された段階では、唯一無二の霊剣として重要な役割を果たしたものと考えられる。蛇との関係でいえば、どうしても素戔嗚尊の八岐大蛇退治の神話を連想せざるをえない。この神話が草薙剣を介してヤマトタケル伝説につながるとき、この伊勢を舞台に同じような大蛇退治と霊剣発見の英雄譚[32]が語られたと考えられよう。

双方の関係には、神話と伝説という埋めがたい間隙はあるが、素戔嗚尊が取得した神剣の処置に関する伝承はすこぶるあいまいである。古事記の天照大神、書紀本文の天上への献上といった一往の説明はあっても、ヤマトタケル伝説で、なぜこの神剣が伊勢神宮に所蔵されていたのか、ヤマトヒメとどのように関連するかの所伝はまったく語られていない。伊勢宇治の五十鈴川上と出雲簸の川上は虹蛇神と八岐大蛇出現の場であるが、出雲神話の大蛇退治の物語は素戔嗚尊と奇稲田姫のタテの関係に終始し、ヨコへの広がりはほとんど感じられない。一方、虹蛇神の草薙剣の関係を機軸に考えるならば、むしろ伊勢神宮（斎宮）の沿革と霊験譚、ヤマトタケル伝説での英雄譚など、かぎりない広がりと可能性を感じさせる。あるいは伊勢神宮の霊験やヤマトタケル伝説にあった大蛇退治の伝承を換骨奪胎して造作されたのがスサノヲの八岐大蛇退治の神話なのではなかろうか。原型説話には当然、クシナダヒメと同じ蛇神に捧げられるイケニエの類話が語られており、その対象がヤマトヒメ（栲幡姫であってもよい）であったと思う。そのクシナダヒメはスサノヲに救出されたことによって神妻となり、ともに冥界へと赴くが、ヤマトタケルの場合、ヤマトヒメから草薙剣を授けられ、ふたたび帰ることのない長い放浪の旅へと出立するのである。

伊勢神宮の由来を考えたとき、なぜ斎王が遣侍、すなわちはるばる宮廷を離れ遠方の伊勢にまで赴く必要があったのか。その受身の姿勢は伊勢神祠の側の強い働きかけがあったこと、背景に伊勢大神が犠牲を求める神であったことを考えてはじめて説明がつくと思っている。それには素戔嗚尊の八岐大蛇退治の神話と奇稲田姫の位置関係を分析することが必要である。すなわち人身供犠の必然性と聖婚伝説の実相の解明が求められる。伊勢斎王の伝承については、栲幡姫の自殺のほか姦通の嫌疑によって解職される例があった。伊勢神宮（神祠）の祭儀をめぐっては多くの謎と疑念があるが、まず人身供犠、いわゆる〝生贄〟の問題について、素戔嗚尊八岐大蛇退治の神話から考えていくことにしたい。

3　神話・伝説の神妻と儀礼の聖婚
――生贄と祓柱の意義――

典型の古事記や神代紀本文の記述によれば、高天原から追放された素戔嗚尊が出雲簸川上に降り立つと、中間に一の少女を置き、老夫（足名椎）と妻（手名椎）が泣き合う姿を目撃し、その理由を問い詰めた。すると、大蛇が毎年訪れてわが児を次々と食い殺し、もはやこの児（奇稲田姫）も呑まれるときが来たことを知り、かく泣き悲しんでいると返答する。スサノヲは夫妻に大蛇退治を約束するが、交換条件にその少女を自身に供献するよう要請した点が重要である。大蛇（邪悪な暴逆神）に供饌するという「生贄」を、スサノヲの神妻としての奇稲田姫と重ね合せていることに真の意義が看取される。奇稲田姫はスサノヲの神妻となることで常闇の冥界（根国・底の国）にかぎりなく近づくことになる。書紀には所在の説明がないが、古事記には「妣（はら）の国（くに）、根の堅州国」とみえるので、これは母、伊奘冉（いざなみ）尊の住む黄泉国が妣の国にあたる。少なくとも古事記の思考法によれば、死者の国・死後の世界を意味しよう。奇稲田姫は祭儀の主神に供えられる生贄であり、主神は生贄を提供されることで、暴逆行為や災厄が除かれ、自然界の秩序が回復し豊穣がもたらされる。奇稲田姫は主神の生贄であったからこそ主神に従い死者の国に赴く必然性があった。のちに古事記において、ナホナムチ（大穴持・大穴牟遅・大汝・大己貴・大国主）神がスサノヲの居住する根国を尋ねスサノヲの課す艱難辛苦に堪え、その娘須勢理比売を奪取し、黄泉平坂を越え脱出する物語へと継続する。『出雲国風土記』神門郡滑狭郷条に、須佐能袁命の御子、和加須勢理比売命がみえ、「天の下造らしし大神娶ひて通ひましし時に」など、大穴持神との婚姻を伝えている。スセリヒメの伝承は古事記にのみみえ、スサノヲの娘とあるが、系譜関係は残らないので、あるいは奇稲田姫も夫とともに根国に住む物話構想があったかもしれない。オホナムチの神話は中央から分離した出雲独自の神話体系によるものであろう。素戔嗚尊と奇稲田姫の通婚の結果、主神のオホナムチが生れ（神代紀本文）、あるいは六世孫（一説に五世孫とも）とする出雲神話に連携させようとする配慮がみられた。この段の神話で一つ見逃せないのは、スサノヲが奇稲田姫との通婚の際に使用された宮居を須賀（清地─紀）宮と呼称する点である。書紀本文は最後に、「遂に根国に就でましぬ」と記しているので、スサノヲの逗留はあくまで根国に赴く途次というところに意味があった。「吾が心清清し」と述べたと伝えるように、須賀に到達したことで、一時にせよすべて罪障から解放され現実の静謐・安息感に浸る思いがあったのである。スガは菅で、『延喜式』第八祝詞の、六月晦大祓条に、「天津菅曾乎本刈断末刈切氐八針爾取辟氐」とみえる菅曾はスゲ（菅）を細く割いたものをいい、『新撰亀相記』(33)甲巻に「天津卲我蘇（天上以菅 今以麻）」とみえるので、罪障・汚穢を払う際に用いる幣（ぬさ）は、元来菅を使ったものらしい。須賀の地名は『出雲国風土記』大原郡条に、須我社（現大東町海瀬須我神社—式外）、須我山・須我小川を載せる。また大原郡御室山条には、神須佐乃乎命が御室を造らせたとみえる。後述のように、のちの大祓神事と関連性があると思われる。風土記に、天下造らしし大神（大穴持神）とともにスサノヲの名が散見するのは、神遣らいと根国の伝承が変じて出雲周辺に伝播したと推測される。

八岐大蛇退治の副産物ともいえるスサノヲと奇稲田姫の通婚をめぐる神話は微妙に錯綜するが、祭儀上の関係でみれば比較的単純に整理できる。スサノヲが大蛇を斬殺し草薙剣を入手したように双方一体のつながりがあり、大蛇に捧げる人身御供の少女と奇稲田姫はきょうだいである。季節ごとに訪れる荒振る客神への供饌によって災厄を払い捨てる、大祓に通ずる神事といえる。この大解除の供犠は祓柱と称せられる。

人身供犠の慣習は、新大陸（メキシコ・アンデス）の文明に実例をみるが、一般に太陽神の祭儀が中心で、目的はおよそ豊穣祈願に集約しうる。しかし日本の供犠は単純に豊穣祈願に直結せず、むしろ災厄を除去するための供犠、たとえば大祓での祓柱、あるいは河神等への人柱供進であった。のちに詳述するが、これは風土的条件、この条件に適合して発達した伝統的農業の構造にあったと考えている。伊勢神宮の重要祭儀である六月十二月の月次祭（三節祭の一）には解除と清めの大祓が行われる。この祭儀には斎内親王も参加する。ペルーの古代インカでは、日本の斎王制度と似た制度がみられたので、生贄との関係で参考までに記してみたい。

アイユウ（地域の親族共同体）から選ばれた十歳前後の少女が地方都市の尼僧院に送られ一定の教育が

施された。教育が終ると品定めがあり、一部が皇帝と貴族の側妻として選ばれ、他は太陽の神殿に奉仕するが、処女性が強調され〝太陽の処女〟と呼ばれた。違反すれば僧侶によって処刑された。彼女らの一部は重要祭儀に際し生贄とされたが、それは誇るべき名誉とされた[34]。これら処女性を要求される修道女（太陽の乙女）を収容する「館」（尼僧院）は全国各地に散在していたが、一説では、都クスコの「館」に住む修道女は神聖が強調され、太陽と同じ血統、すなわち他部族の血はまったく受け継いでいない、正統のインカ族の娘であることが必要であった[35]。その点では日本の斎王が少なくとも記紀の段階では「天皇の娘」がその資格であったことと共通するものがある。尼僧院での乙女たちの仕事は主に糸を紡ぎ布を織ることにより、王と正妃の衣服・頭飾りを、また太陽神に捧げる供え物の衣装をつくることにあった[36]。天照大神が神衣を織るために籠る斎服殿に、スサノヲが天斑駒の屍を投げ入れて妨害する暴逆行為は、天照大神と斎宮に忌み籠る「斎王」との共通点をあらためて認識させると同時に、斎王と暴逆神スサノヲとの相関関係にも注目せざるをえない。いずれにせよ、インカの太陽の乙女は神の僕、または神妻で、厳重に隔離され管理される政治・社会とは無縁の存在であり、何よりも多数の集団であったことである。

沖縄の琉球王朝時代には、国王の政治的実権に対抗するための、聞得大君を最高官とする巫女組織が存在したことは広く知られている。元来は国王の姉妹（のち王族の女子―『女官御双紙』の記録に基づく）から選ばれる聞得大君を最高官として、その直属に三人の大アムシラレがあり、さらにその下に村々のノロが配属されるという縦の巫女組織の体系が成立していた[37]。十六世紀明の冊封使陳侃が記した『陳侃使録』

によれば、「神は皆、婦人を以て尸（尸祝、巫者の意）となす。王府事あれば則ち哨聚して来る。王、世子及び陪臣を率いて皆頓首し百拝す」とあるように、[38] 多数を集約する組織的機能が働いていたことを知る。

上記のペルー・琉球の神女群・巫女組織が、いわばまとまった独立の集団・組織を形成したのに対し、日本の斎王制度は伊勢神宮の起源説話において、のちの斎王にあたる巫女王のヤマトヒメを御杖代に天照大神の伊勢遷祀を語っているにもかかわらず、斎宮があくまで伊勢神宮に付随する立場にあり十分に自立した働きをしていない点が注目される。『皇太神宮儀式帳』によれば、大宮一院に斎王侍殿・女孺侍殿が用意されているものの、三節祭の祭儀に参入する役割をもつのは実質内親王一人で、神事終了後の大直会の宴に斎宮女孺二人が舞を奉納する程度にすぎない。神宮の神職にしても、下級の大物忌・物忌は、内宮の宮守物忌を除けば、大物忌父・物忌父（男子）と一組で女性を任用しているが、女神官の出自をみればすべて度会神主・磯部・麻積部の在地出身者で占められ、かつて伊勢神宮に斎宮の影響力が及んだという痕跡はみあたらない。斎王（斎内親王）は孤独であり、すでに象徴化された存在でしかなかったのである。

こうした状況が伊勢神祠発祥の段階までさかのぼりうるかどうかは何ともいえない。だがインカの場合、尼僧院に少なくとも神妻の資格を有する修道女が「多数」存在したことはまちがいあるまい。一夫多妻の慣習を承認する社会にあっては、神もまた多妻を好み、それ故に修道女たちは厳格な処女性を要求されることになったのである。姦通行為は重大な犯罪であり、自ら死刑に処せられたばかりか、一族など縁故者すべてが殺害されたという。しかし、隔離された生活を送る修道女が、そのような罪を犯すことは稀で、現実にはほとんど考えられないことであった(39)。

4 欽明・敏達紀にみる斎王（磐隈皇女・菟道皇女）姦通事件とその真相

――祭祀・神事の真似と模倣について――

一方日本の場合、非現実的ともいえる神妻（斎王）の姦通行為が欽明・敏達紀（六世紀）に伝えられる意味は何であろうか。私見は、これは斎王自身が「天皇の娘」として象徴化されるにいたった現実と無縁ではない。著名な魏志に伝える卑弥呼の死にともない、「徇葬する者、奴婢百余人」の記述以外にも、大化前代には明らかに殉死の習俗が遺存した。主君の死に殉ずる行為で、その手段には自経や絞首などがあった（孝徳紀大化二年三月甲申詔）。清寧紀元年十月条に、雄略天皇を丹比高鷲原陵に葬るとあり、「隼人、昼夜陵の側に哀号ふ。食を与へども喫はず。七日にして死ぬ」とみえ、殉死の語はみえないが、これも殉死の例と考えて疑いはない。殉死の習俗が存する以上、少なくとも過去の一時期に人身供犠が行われたのはまちがいない。『令義解』職員令第二弾正台条に「信濃国の俗、夫死せば、即ち婦を以て殉はしむ」と伝える妻女の殉死は、神妻が神（夫）に捧げられる実態を反映したものといえる。ただ信濃の俗にみる「婦」は、当時の一夫多妻制下では正妻にかぎるものではなく、複数の「側妻」を含むことは当然推測できる。伊勢斎王はうら若い未婚の「処女」が選ばれ遠く斎宮まで赴くことから、必然的に「神妻」としての役割を期待されてのことであった。斎王の育った宮廷には「後宮」があり后妃や多くの女官が居住するハレムを形成していた。そのことから判断しても、斎王の住む「斎宮」が多数の同様な斎女が共同生活を営むハレムであったとしても不思議はない。ところが現実の斎王は往復の道中厳しい禊祓を繰り返し、斎宮に到着してのちも孤独で緊張した宗教生活に明け暮れた。どの時期とは明言できないが、斎王はいつか完全に象徴化された存在となる。実質的に神妻の意味が薄れ精神的な支柱に転化する。ちょうどその過渡期が、記紀に伝える姦通事件と重なるのではなかろうか。

それではこの姦通事件とはいったいどのようなものであったのか。事件の実態についてはいくつか不可解な点があり、きわめて謎が多い。草創期の伊勢神祠はおそらく在地の勢力が祭儀執行のための実権を握っており、畿内周辺有力首長層は、祭儀参加に必要な贄、各種の調物や労役等の課役を負担しており、そのような義務を遂行するための人質制度が実施され、おそらく斎王制の原初形はこの人質制度が機能したと考えうる。この点を裏付する史料が『類聚三代格』巻一、延暦十七年十月十一日官符（類聚国史第十九）の、「禁出雲国造託神事多娶百姓女子為妾事」とある条に記載されている。

（出雲）国造は神主を兼帯し、新任の日即ち多く百姓の女子を娶り号けて神宮采女と為す。便ち娶りて妾と為し、限極を知る莫し。此れは是妄りに神事に託して、遂に淫風を扇る。

岡田精司によれば、上記の例を古い神事では神職が神に扮装して祭が行われたものと指摘するが[40]、出雲国造は往古から伝来の神宝を管理したことで知られるように、神職というよりも神に近い霊格と信じられていたので、「神宮采女」は事実上神に召される斎女として国造に遣侍したのであろう。これら采女は神（国造）に召される神妻であって、神事に奉仕する巫女ではない。神宮采女は古く国造が実権を掌握していた時代には、国内有力者の女子を集め一種の人質にしたと考えられ、出雲的神権政治統合の源泉となったと思われる。奈良朝以降は神事に託して形骸化したが、百姓の女子が実質国造の愛妾となることに抵抗が生じなかったのは、如何に古い伝統的遺制であったかをうかがわせるに足る。神事にあって巫女に扮装することではないのである。その点で伊勢神祠に奉仕する斎女も一定の身分（おそらくは首長の娘）と格式を備えた女性でなければならない。しかし大和政権（王権）の権力が強化されたことにともない、人身供犠の意味も含めた人質制度の悪弊を撤廃しようとする試みが生れたことは容易に推測されよう。大王は自ら「天皇の娘」を神祠に献上することによって、人身供犠と人質制度の遺習を根絶することに成功した。一人の象徴性の高い「斎王」の遺侍に集約させることによって、王権の浸透と伊勢神祠の神権の掌握が果されたのである。そのことは三輪祭祀権の没落とも関連があり、なぜヤマトヒメの伊勢下向と天照大神の伊勢遷祀の伝承が生れたか、その主要動機の解明にもつながるのではなかろうか。だがいったん人身供犠の風習が根づくとその解消はそれほど容易なことではなかった。天照大神や月読尊など人格神が定着する以前には、おそらく蛇神の崇拝が盛んであり、八岐大蛇退治の原型である大蛇退治の伝承が生じた背景もその辺に一つの原因があったと思われる。古い社家には秘儀・秘伝がつきものであるが、逆に口伝や俗説（民間信仰を含む）は軽視されがちながら、かえって信頼できる古伝の場合が少なくない。通海『弘安九年大神宮参詣記』[41]上、「斎宮御事」の条に、サテモ斎宮ハ。皇太神宮ノ后宮ニ准給テ。ヨナヨナ御カヨヒアルニヨリテ。斎宮ノ御衾ノ下ニハ。アシタゴトニクチナワノイルコヽチ侍ナド申人アリ。

とみえ、斎宮のもとに夜々蛇神が通う情景を連想させるが、その下文に「俗云、此事人ッ子ネニ尋申事也」とあるような民間の噂事にすぎないにしても、祭儀の常識に反するとか単なる俗説として軽々に斥けるわけにはいかない。いわゆる伊勢大神は威力神として犠牲を求める神であった公算が高く、斎王の遺侍する姿勢、あるいは先述の虹蛇神の伝承など時代を超越した蛇神の信仰が民間を通じて流布していたことを暗示させると考えてよい。

姦通事件の真相は何か。これまでみたように人身供犠の根絶が容易ではなかったことで、結果案出されたのが〝人身供犠〟（聖婚）の演技、すなわち〝姦通事件〟はその変装・偽装ではなかったかと考えている。姦通事件の最初の例は、欽明紀二年三月条に「五の妃を納る」とみえ、その三番目となる蘇我大臣稲目宿禰の女、堅塩媛の生む磐隈皇女の場合で、「初め伊勢大神に侍へ祀る。後に皇子茨城に姧されたるに坐りて解けぬ」と記しているが、年紀は明らかではない。ただ后妃子女の帝紀部分に記述があるのは意味のあることと考えられる。つぎの事例は、敏達紀四年正月丙辰朔甲子条に「息長真手王の女広姫を立てて皇后とす」とある広姫の生む菟道磯津貝皇女の場合である。古事記の宇遅王と同一人で、また母の広姫は継体朝に伊勢神祠に奉仕した荳角皇女の母、麻績娘子（息長真手王の女）の妹にあたる。菟道皇女については、同七年三月戊辰朔壬申条に「伊勢の祀に侍らしむ。即ち池辺皇子に姧されぬ。事顕れて解けぬ」と記すが、文意から推して実録でなく、編纂の都合によりたまたまこの七年条に置かれたにすぎず、選任・退下の年次は不明といわざるをえない。ただ斎王の選任と退下をほぼ同時に扱うのは、他例と共通するところがあり、とくに斎王の選任が「天皇」即位直後の帝紀記事に併記されるのは、天皇即位儀と密接な関連があるからと思われる。菟道皇女の場合、同女の母后広姫が敏達紀四年十一月に急死を伝え、同紀五年三月条に次后豊御食炊屋姫（推古）が代って立后する。宮廷内に何らかの異変や混乱がみられ、正式な即位儀が挙行できなかったか遅延したことに由縁するのであろう。

だがこの磐隈皇女・菟道皇女の姦通事件が仮に真実だったとすると、いくつかの信じられない不審な点が存在する。まず両斎王は単に解任されただけである。〝神妻〟に対する凌辱行為であり、十分に死罪にあたる重罪であるが、実際は斎王ばかりか侵犯の当事者であるはずの茨城・池辺両皇子ともまったく処罰を受けた形跡がない。まず象徴化された「斎王」がこの種事件に直接関与したとはどうも考えにくい。じつは「斎王」が姦通事件に関与した事例がまったくないわけではない。宝亀三年当時、伊勢斎王であった小家内親王が中務大輔従五位上菅生王と姦通した罪に連坐し、菅生王は除名、小家内親王は属籍から削除されたと伝える。属籍は正親司が管掌する皇親籍のことで、姦罪は雑律姦条に強姦の場合は婦女は罪せられず、和姦のときは男女同罪となる。奈良朝の律令制下では斎王の姦通については特別の規定はみられない。

小家内親王に該当する者がなく不審。『斎宮記』(42)には孝謙皇女とするが信憑性がなく、『一代要記』（この本の意義や価値については注178参照）に三原王（御原王—皇胤紹運録）の女小宅王を天平勝宝元年九月に選任とあるので、この伝を取るべきか。その場合、斎王は「天皇の娘」の選任を原則とするので、仮に「内親王」の称号を許可したものか。奈良朝後期になると継嗣の都合で事実上内親王を立てることができず、斎王制自体も形骸化し規律は弛緩して姦通のような綱紀の乱れを生じたものか。ただ形式化する奈良朝以降はともかく、大化前代のイケニエと神妻が一体となる厳粛な太古の斎王（女）に、ふつうの男女の情交が成就したとは考えにくい。

そこでやや突飛な発想ではあるが、姦通行為自体がじつは偽装行為、端的にいえば真似であったのではなかろうか。すなわち、斎王（女）が神妻役を演ずる「俳優」として歌舞その他の所作を行ったという着想である。年のはじめにあたってはその歳の豊かな収穫を神に願う大規模な予祝の祭儀が行われ、そのために神への最大限・最高のもてなしとして多くのイケニエが捧げられる。新年祭である。その場合の極端な手法としてとられたのが人身供犠である。しかし伊勢神祠に斎王が遣侍される六世紀以降の祭儀においては、こうしたイケニエの形式はほとんどが廃絶に向っていたと推測できる。ただ原理的には斎王の遣侍は神への最高のイケニエであるはずである。そこで思い浮かぶのは、田植えから収穫されるまでの一連の農作業を模倣する、真似る「田遊び」と称せられる予祝行為である。なかでも斎王の〝イケニエ〟はこの祭儀での最高のクライマックスシーンであるからさぞや盛大な〝遊び〟が演じられたであろうことは想像するにかたくない。「田遊び」は基本的には神覓（まぎ）のための呪術的な芸能で、たとえば岩手盛岡周辺では「春田打ち」の予祝行事があり、大夫が美女の面を被って種下し、田かへし、苗植えから穂運びまで能がかりに舞い、舞収めに突如真黒な大きく醜い面を手早く着けて終了するのだという。[43] この演技は田の神と山の神の交替を示すものと考えられている。

田遊びは一年の豊穣を田の神に祈願する予祝であるから典型的な物真似の芸能である。文献上の初見は『建久三年皇太神宮年中行事』[44] の二月十一日、「鍬山伊賀利神事」条にある。

作法を略述すると、まず宮司はじめ神職すべてが鍬を持って地上を撃ち、種に見立てて桶に用意した小石を蒔き終ると、つぎに被(よぎ)(夜着)の内人・日祈の内人各一人が並んで巡見し、西方に鍬を、東方に槌を向けて立て、今年の御苗が前にも増して太く逞く育つようにとの祝詞を述べる。その次第を政所宮庁に報告すると、政所が刀禰らに申し付けて相触の内人・祝部・蕃長を参集させ、蕃植の手法、すなわち「以藁殖田遊作法」を勤仕させる、とある。これらは終始、田植え作業の物真似であった。物真似そのものの田遊びの行事は、今日なお東北地方で雪の上に藁を差して田植の物真似をする庭田植等の行事[45] にうかがうことができる。

つぎの注目は「仮面」の効果についてである。仮面は真実を写す鏡ともいわれるが、それが巫者の呪術・宗教的演舞に使われる場合は、容易に霊が依憑して神そのものと化すと信じられた。二〇〇七年、奈良県桜井市大田の、通称「大田池」と称せられる場所の土坑の底部から土器、木製品とともに仮面一点が出土した。随伴の土器(古墳時代前期の庄内一式)からして三世紀前半の製作とみられている。また正式な報告書は刊行されていないが、桜井市埋蔵文化財センター「秋季特別展」のパンフレットに若干の紹介[46] があるので、その報告記事に基づいて「仮面」の内容を検証してみよう。アカガシの広鍬を転用した木製品で、長さ約26cm、幅21・5cmを測り、ちょうど人間の顔を覆い隠すほどの大きさである。口は鍬の柄孔をそのまま利用しているが、両目部分は新たに穿孔し、削り残した鼻に鼻孔の表面もある。眉毛は線刻をほどこして表現され、周辺にわずかな赤色顔料が付着する。耳に掛ける紐などを通す穴等はみられない。手に持って使用したものと考えられる。おそらく農耕、とくに水利のための祭祀が行われたとみられ、実体を推測すると巫師（シャーマン）が用いる仮面は保存が目的でなく、この祭りのためにだけ必要とされたのである。

　土坑内から同時に朱塗の盾（破片）が発見されており、巫師は手に仮面と盾の両方を持ち、呪術的な所作と舞いを演じて邪気を払ったのち、足跳びの動作を繰り返して神霊を依憑させたと解せられる。巫師は全身全霊を込めて神憑り作法を完結させるので、仮面もまた神霊を表象したものとなる。また神憑りによって神そのものに変身するので、仮面を付着する必要はない。仮面が土坑内に奉納されるのは、仮面に神霊を移すことによって神籬となるとする信仰があったからであろう。記紀の天岩戸隠れの神話に、天鈿女（天宇受売）命の呪術的手法について「神懸為而（記）」、「顕神明之憑談（紀一書第三）」と記す一方で、「巧みに作俳優す（同）」とあること、また天照大神の岩戸から出現の際、「何ノ由にか、楽為、亦八百万神諸咲ふ」と天鈿女命に問いかけたことから判断すると、この神憑りの表現は神話の内容からみて本義ではなく、基本は演戯を主体とした滑稽な所作、娯楽であり、宗教行為としての神憑りではない（一種の物真似）としなければならない。宗教と芸能の分岐点はどこにあるのか。そのうえでいくつかの示唆を与えるのが中国西南部少数民族の、あるいは朝鮮の仮面劇である。その若干を紹介したい。

中国少数民族の一つ、貴州省徳仁県、洞仁県のトウチャ族の儺堂戯がある。これは邪気・疫病を払う祭祀と仮面劇が一組になった宗教行事であり、開壇・演戯・閉壇の三段階にわけて行われる。病魔に悩む施主の依頼があると、土老師（シャーマン）と弟子たちが施主の堂家に赴き、演戯が始まる。人が多い場合は屋外の広い場所で行う。祭壇に供え物をし祭儀の準備が終ると、最初に土老師が唱え事をし天地の神を招く。また水を口にふくみ火にふりかけ印を結ぶなど各種神事があり、その後、土老師が祭壇の机下から取り出した仮面を両手に一面ずつ持って舞い、舞いの終りに一跳びして仮面を所定の場所に収める。手に持って舞うのは清めの意といい、また一跳びするのは神が憑りついたことを示す所作という。神招ぎが終ると仮面の演戯に移る。多くの舞いがあるが、これらは伝説・物語・世俗の話などさまざまを劇化したという。仮面劇の後は神遣りとなり、土老師が印を結ぶと最後に唱え事を述べて行事が終了する(47)。

同じ道真県にもコーラオ族中心に儺戯が行われており、これは内壇戯と外壇戯という二つの部分で構成されている。内壇戯とは厄病神の鬼を追い払い平安を祈ることを主な内容とする祭儀で、外壇戯は人や神を楽しませる劇を演じ、地元では要戯といわれている。内壇戯については古代の鬼やらいの行事をそのまま踏襲したもので、宗教的色彩が濃く普通は仮面をつけない(48)。

その点、宗教と芸能の分離が進み大衆化したとみられるのが朝鮮の仮面戯である。これは中世新羅の逐疫の仮面舞踊（処容舞）など、元来は祭祀・呪術につながる宗教色の強いものだが、巫女たちの舞踊は神を楽しませると同時に村民らの慰安としての大衆娯楽の側面も持っていた。ここでは朝鮮中部の仮面戯山臺戯（山臺都監）について述べる。李朝以来の伝統劇だが、李朝時代には国家により管理され、演者は宮廷の卑役に従う泮人と称せられる下層の賤民であった。これは奈良・平安時代に普及した伎楽と同じで、伎楽も平安初期にかけて雅楽寮に置かれ、伎楽生に伎楽と関連の深い腰鼓師が楽戸として隷属する官製的芸能の色彩が濃く、伎楽・山臺戯は宮中戯の廃絶により民間の興行に委ねられることになる。朝鮮の民間信仰では一般に仮面に鬼神がつくものとして恐れられ山臺戯の場合も同様だが、これは宗教色の名残りというよりも演戯そのものが大衆化、娯楽性をつよめた証といえるのではなかろうか。山臺戯の開演に際して仮面を奉安し酒食を供え祈念する告祀が行われる。仮面のうち最も恐れられるのは蓮葉・睫目と称せられる天地の精の二仮面で、衆仮面の根元といわれ、ことに睫目は開閉自在の金色の目をもっていて、これによって邪気を駆逐すると信じられた。一見方相氏の追儺仮面を思わせるものがある。演戯の面でも初めに天地四方を拝する上佐の舞い、最後の巫祭の場面でも演者観衆の無事息災を祈る巫歌が歌われる。(49)

中国少数民族の儺堂戯や儺戯において娯楽性の強い演戯や外壇戯にのみ仮面を用いることはすこぶる興味深い。仮面は宗教から芸能へ通俗性がつよまる過程で生れたのではなかろうか。ちなみに日本の場合、神招ぎはきわめて神聖な行事で、記紀の神功皇后段にみえる皇后の神招ぎ作法は、神主（皇后）、弾琴者（武内宿禰）、審神者（中臣烏賊津使主）の三人一組で行われ、神の語を判定する審神者（沙庭）がつき、しかも夜間（記）に実施するなど秘儀の様相が濃い。日本では神憑りする巫師への信仰がつよく、しかもその呪儀は巫者と施主の当事者のみが関知する秘法として営まれる場合が多く、宗教行事が大衆化して芸能を生み出す余地の乏しかったことが考えられる。推古紀二十年是歳条に、「呉に学びて、伎楽の儛を得たり」と称する百済人味摩之が来朝し、はじめて外来の仮面劇をもたらしたと伝えている。法隆寺にはこの味摩之が将来したとする伎楽面（七世紀）が伝存している。しかるに今回の纒向遺跡での仮面出土を踏まえ、あらためて天岩戸神話における天宇受売命の芸能的な「神憑り」の意味が問われていると考えたい。社会の幅が拡大し祭祀や呪儀に公共性が要求される段階になると、高天原の衆神の集議にみられるような公開の場で神意を問う「神憑り」が求められることになる。しかし大衆の面前での厳粛を欠く神憑りの所作はとても真実の神意の表現とはなりえない。天宇受売命の「胸乳を掛き出で裳ノ緒番登於忍垂れつ」とある大仰で猥雑な神憑り作法が衆神の咲（わら）いを誘ったように、これはあらかじめ、神・人双方が演技であって真実ではないことを、暗黙のうちに了解していたことを意味するといえよう。咲（わら）いの意味はとても重要であって、外来の仮面劇、伎楽が輸入されたこと、また朝鮮の仮面戯でも、しばしば滑稽な内容やしぐさ、喜劇的な諧謔や道化が含まれていることから察すれば、宗教行事に物真似を許容する笑いの土壌があったことを示すものとしなければならない。仮面の着用は宗教性の強調というよりも、演者が顔を隠すことによって罪の意識や後めたさを解消する〝物真似〟の具に発したものではなかろうか。ワザヲギ（業招＝俳優）は元来、神意を問うための種々の作法のことだが、巫者の行為は、場合によっては公開の場で大衆に周知させる必要に迫られた結果、複数の巫者や祝が掛け合い的に演技や動作（舞いも）を含め周知させる必要があり、仮面の有無にかかわらず〝神憑り〟が誇張され模倣されたものになり、宗教的な行事そのものが形式化し堕落することになる。神代紀下の海幸・山幸神話に、兄の火闌降尊（海幸彦）が弟の彦火火出見尊（山幸彦）に謝罪し「今より以後、吾は汝の俳優の民たらむ」と誓約したとあるが、これは未来永劫服従の姿勢を演じ続けることを示し、現に後裔の隼人族が狗吠などの仕業で宮廷に服属・奉仕することを表わす。狗吠等の仕業は服従の演技だが、その形式的演戯は真実の服従の意志とは程遠いといわねばならない。

伊勢斎王にとってのワザヲギも、神妻が神に召される過程の演戯を意味した。磐隈皇女・菟道皇女の演戯に従って、貴人（擬人化した神。仮面が付けられたかもしれない）に扮した茨城・池辺皇子が登場し、約束された仕業を繰り返して神の犠牲（神妻）に供せられる行程（神事）が終了する。真実の〝姦通〟とも取れるような迫真の演戯が衆人注視のなかで進展した。姦通偽装は従来の人身供犠に代るものとして用意され、その〝死せる斎王〟はすべての任務を終え、事実上の解任にいたる。

擬似行為は「殉死」の場合にもある。大化二年三月甲申詔に、殉死の形容を記したのちに「或いは亡人の為に髪を断り、股を刺して誄す。此の如き旧俗、一に皆悉に断めよ」とみえ、自らの故人を傷む心情をできるだけ「殉死」の真に近づけたいとする行為、真似ることで吐露しようとしたのであろう。この誄に類する観念が垂仁紀三十二年七月条の殉死廃絶をめぐる伝承にも反映されている。それは土師連の始祖野見宿彌の進言に基づき生人の殉葬を廃止し、代りに埴輪をこれに代えるとする伝承である。埴輪の起源を殉死廃絶に結びつけるのは基本的に誤まりといえるが、犠牲や殉死の業を一定のモノ（人形や牛馬木製・土製品など）に代えうるとの発想は広く真似の意識に通ずる。また江守五夫の指摘によれば、未開社会でしばしば擬装によって〝死〟が演出される例があった。成人式の際、若者が偽って仮死状態に陥り、いったん埋葬ののち蘇生する儀礼（埋葬擬制）[50]は著名な事例である。

さきの姦通事件での斎王解任以外にも、斎王の交替にはいくつか注目すべき点がある。退下は原則天皇の代替りごとに行われること、さらに選任記事が書紀によると即位前または直後に集中して記載されている点などである。原初の神祠には犠牲を欲する威力神（竜蛇神）の祭祀が実施された徴候が存するとはいえ、少なくとも、象徴化された斎王の遣侍が実現した時期（おそらく五世紀以降）になると、大和政権の基盤に組み込まれるきわめて政治的な特徴が強まったものと判断される。代替り、とくに大王就任儀礼と関連を深め、のちの践祚大嘗祭にみられるように、即位礼と豊穣の祭りを兼ねた複合的儀礼が伊勢神祠の特質となるにいたったと考えている。

一般に践祚大嘗祭は、律令制施行以前からの古い伝統的な儀礼と理解されてきた。この点を疑問視したのが岡田精司である。大嘗祭が通説の如く伝統的な大王就任儀礼でみれば、第一に歴代天皇の即位記事に反映がみられて当然であり、第二に大王位の神聖な由緒を説く神代の物語にその祭儀神話があってしかるべきと説く。岡田の指摘で重要な点は書紀の歴代即位記事で、就任の日付四〇例のうち、正月・二月が合せて十六例（六五％）に及び、大嘗の月の仲冬十一月はわずか二例しかない。すなわち書紀の即位記事は春の儀礼が基本であって、仲冬の祭儀大嘗とは異なるのが書紀編者にも認識されていたことがわかるとする。実録が基底にあるらしい用明朝では、政変の丁未の役、崇峻天皇暗殺、乙巳の変（＝大化改新）にともなう歴代即位記事を除くと、すべて正月と二月に該当すると指摘した。(51)記紀の斎王選任が天皇即位直後の帝紀部分に併記されるのは偶然でなく、斎王の伊勢神祠遣侍が大王就任と軌を一にする認識があったことを物語るといえよう。斎王選任と天皇即位時が重複することの意味は重要である。これは榎村寛之が説く(52)ように、斎王が当代天皇の娘という天皇直系が意識された点も関連をもつからである。

5　大王就任儀礼と践祚大嘗祭儀

だが榎村が「これは、律令制以前の天皇が常に王妃を持ち、娘を成している年令に達してから即位するのが当然であるとする意識の反映」とした思考法は史実を念頭にするとありえないことであり、天皇直系という意識は、斎王が資格のうえでは天皇と同格、祭儀とのつながりでいえば天皇の代理者（名代）として理解されるようになった結果であろう。大化前代の伊勢神宮（神祠）の実体はかならずしもあきらかではないが、のちの国権を左右する神宮の祭祀を主宰する「斎王」が、天皇直系の女子を選任する意義を如何にとらえるかである。いわゆる姦通事件が六世紀前半から中葉にかけてとすれば、斎王の遣侍が定着するのは比較的新しく、雄略朝から継体朝と考えるのが妥当と思われる。その前後は三輪祭祀権の秩序が崩れ、畿内全体が争乱に巻き込まれた結果、継体の登場にいたる不安定な状況が生れ、日本海域や東海地方がヤマトとの仲介に重要な役割を果たしたと考えられるからである。

伊勢神祠の祭りが、本来的に普遍性のある穀霊の祭祀に端を発したとすればその由来は古く、稲作文化の東遷が弥生時代前期に東海地方西部に到達した段階で、東方の縄文系異文化と遭遇し一時的に停滞する時期まで遡及しうるのではなかろうか。政治・経済の中枢を占めたヤマトの東端に伊勢神祠が偏在することは、逆に特定の政治勢力に支配される機会が少なく、ある程度中立を保ち公共性を備えた「神祠」が永続し、多大の信仰を保ちえた遠因と思われる。異文化が対立・交錯する境界上に衢神・塞神の信仰が生れ、仮に邪馬台国畿内説の立場にたてば、象徴的女王の統治下しだいに祭式を整え、のち三輪祭祀権の解体と政教分離によりヒミコ宗族中の男子が政権を掌握し、現在の天皇家につながる大王家が誕生したとみるのが最もわかりやい説明といえよう。斎王の象徴性と遺侍の由来もその延長線上にあるといえるかもしれない。伊勢神宮への発達と展開のなかで斎王の機能や性格がみえにくい要素もあるが、それらの部分にのちの践祚大嘗祭の原型という側面が隠されているのではないかと推察される。限られた視点からとはいえ大嘗祭が伊勢神宮の祭儀と共通性があり一体であるとした吉野裕子説を取り上げてみよう。大嘗祭の根幹部分は天皇が直接神に御饌を捧げる行為であり、同時に伊勢神宮の三節祭のうちでも最も重要な神嘗祭の神饌が内宮の心御柱に奉奠されるが、この由貴大御饌は大嘗祭の「悠紀大御饌」・「主基大御饌」に対応している。神事の共通点は、子の方位・子刻中心の祭儀、宵・暁両度の祭儀、ユキ大御饌の名称を共有する、などの例を紹介する。[53] 斎王が観念上「当代天皇の娘」とされたことは、神祠主宰の「祭司」が女性でなければならないと同様に天皇親祀を忌避したことを意味し、践祚大嘗祭が律令制下、中国の皇帝祭祀を導入した動機以上に、天皇親祀の原則が伊勢斎王の裏返しにすぎないことを端的に印象づけるものといえよう。

一方、大嘗祭では天皇親祀が義務とされたこと、また斎王選任が少なくとも女帝持統の代にかぎるならば行われなかったこと、等から判断すると、大嘗祭に付随する「践祚の儀礼」が過去の伊勢神祠で同様に実施され、斎王が名目上は大王に就任しすべての祭儀を代行する権限が付与されていたとも受け取ることができる。律令制導入の下では、天皇家が伝統の呪縛から解放され、践祚の儀と天皇親祀を立て前とする神饌儀を基本に践祚大嘗祭が実現した。しかし践祚、すなわち先帝の崩直後に行われ元日朝賀と結びついた中国的な即位礼が[54]、先行する独立の新嘗祭と簡単に接合できたとは考えにくい。践祚の儀は明確には持統紀四年正月朔条を初見とする。新嘗祭に悠紀・主基を設定するなど[55]、その前身または準備とみられる儀礼が天武紀に散見する点を考慮しても、践祚大嘗祭が古くからの大王就任儀礼を反映したとは受け取れないとする指摘[56]は原則従うべきと考える。ただ大嘗祭の根幹となる神饌など一連の稲作儀礼については、本来大王就任儀礼と一体であり切り離しえないものと考えている。践祚大嘗祭は当代天皇一度の大祭であり、しかも即位年またはその翌年に挙行されるきまりであった。『儀式』（貞観）[57]第二に「践祚大嘗儀、天皇即位之年、七月以前即位当年行事、八月以後明年行事」と定められていた。伊勢斎王もこれに准じ当代一度の任期とされたのである。岡田精司は、天孫降臨が稲に関係した神話という点でも、収穫儀礼＝大嘗祭に結びつくものとのみ意識されてきたが、その古さについて疑問が大きいとする[58]。ただ稲作儀礼に初春の予祝・種下し、田打ち、田植等、主な農作業にはすべて儀礼がつきものであった。儀礼を重ね収穫にいたるので、大嘗とは予祝に始まり収穫祭に終る息の長い神事。もっとも姦通事件に暗示されるように、祭儀や神事に供犠が実質的役割を果たした段階では、斎王は一連の祭儀・神事の終了までの限定的任用であった可能性がある。供犠に果たす神事の役割が後退し、斎王の地位が向上し大王の名代としての地歩が確立した結果、就任の儀礼は実質斎王が代行するものとなる。推古朝以後、皇極・斉明の代に斎王が神宮に遣侍された様子がみられないのは、そのことを示唆するものである。

基本的にいえば、大王就任儀礼とは天が豊穣、つまり稲穀の実りを約束することで実現するので、たとえ形式的にせよ畿内有力首長層の同意を要するなかで、継承は元日朝賀の吉礼と予祝（祈年祭等）を経て、最終的に収穫祭（新嘗祭等）にいたり正式の承認がえられたとすべきであろう。大王就任儀礼とは、第一に伊勢神祠中心の予祝的で公共性のある儀礼と、宮廷中心の私的な儀礼との二度の即位礼の組合せが想定できるかもしれない。践祚と大嘗は実施時が異なっている反面、一体的性格も濃厚だが、天武紀には実質、「大嘗」にあたる例（天武紀二年条）以外にも、同五年九月丙戌条に、新嘗のためと称し斎国郡を卜定して悠紀・主基を選定し、同十月丁酉条には新嘗に先行して相嘗の儀も行っている。持統紀五年十一月戊辰の大嘗については、同四年正月の即位礼と同様に、中臣朝臣大嶋が「天神寿詞を読む」とみえ、ここでいう大嘗（新嘗）の原義と元日朝賀に合せた予祝的な大王就任儀礼と一致しない独自の趣意がうかがえるなど、上記の憶測を助けるものである。

また国制上の慣行からも考えるべきものがある。本邦独自の「称制」である。斉明天皇崩後の「皇太子（天智）素服称制」など、先帝の亡くなってのち新帝がまだ即位の儀を行わず執政することを「称制」といった。中国の場合、本来太子が幼少なとき皇太后が代って政令を行うことであったが、日本では中国の制に倣わず臨機（たとえば政情不安・内紛等）に称制を実施したのは、風土に適合した伝統的慣行が維持され、王位の世襲が実現した後も、専制を抑止する抵抗が働いた状況を推測しうる。それ故にこそ、践祚大嘗祭は本来異次元の践祚と大嘗が結びつく、伝統をふまえた独自の大王就任儀礼が成立する基盤と理念を表現したものとなる。践祚の形が完成する持統朝以降、前後して伊勢神宮や斎宮制の再編の動きがみられ、その事実はまことに意味深長なものがある。

伊勢神宮（神祠）の稲祭り中心の祭儀がのちの大嘗祭儀の基礎となったであろうことはすでに述べたが、なお若干の賦色を試みたいと思う。一は大嘗祭の悠紀・主基の神殿が「斎宮」と呼称された点である。『続日本紀』神亀元年十一月己卯条に「大嘗す。備前国を由機とし、播磨国を須機とす。従五位下石上朝臣隆男、石上朝臣乙麻呂、従六位上石上朝臣諸男、従七位上榎井朝臣大嶋ら内物部を率ゐて、神稲を斎宮の南北二門に立つ」とあるが、祭儀の具体的内容を記したものは、持統紀五年十一月戊辰条に「大嘗す。神祇伯中臣朝臣大嶋、天神寿詞を読む」とあるのに次ぐ。同丁酉条に「供奉れる播磨・因幡国の郡司より以下」とするのは、先のユキ・スキにあたる。上記の斎宮はいわゆる「大嘗宮」を指すものだが、大嘗宮のみえるのは、このときが初見で、これを斎宮と記すことはやはり留意されなければならない。斎国郡の悠紀・主基はすでに天武紀に登場するが、それ以後のユキ・スキの若干例をあげると、

①　播磨・丹波（天武紀二年十二月壬午朔丙戌条）　＊ユキ・スキの文言なし。

② 尾張山田郡・丹波訶沙郡（同五年九月丙戌条）。斎忌・次。 ＊「新嘗の為に国郡をトはしむ」。
③ 播磨・因幡（持統紀五年十一月戊辰条）。 ＊ユキ・スキの文言なし。
④ 尾張・美濃（『続日本紀』文武二年十一月己卯条）。 ＊ユキ・スキの文言なし。
⑤ 遠江・但馬（同和銅元年十一月己卯条）。 ＊ユキ・スキの文言なし。
⑥ 遠江・但馬（同霊亀二年十一月辛卯条）。 ＊由機・須機。

大嘗祭にユキ・スキの語が現れるのは霊亀二年で比較的新しいが、国郡選定はすでに天武朝にみられ、稲祭りの開始が大王就任直後の当代一度の慣行を踏襲したものとすれば、相当以前から継承されてきた神事ではなかろうか。繰り返すが、践祚大嘗祭は少なくとも平安時代では天皇親裁の行事で、しかも朝廷で催される中央権力主導の祭儀であった(59)。私見は伝統的な伊勢神祠の豊穣の祭りを再編して践祚大嘗祭に体系化し、別に伊勢神宮を自立的な皇祖天照大神を祀る神祠として独立させたと理解する。

つぎに、内宮主神の天照大神に神饌を捧げる外宮の止由気神（豊受神）の、いわゆる内宮と外宮の関係を通じて、神饌の本源的意味は何かを考えることにしたい。豊受神は後述のように、丹波国比治の真奈井に住む神であったことは、『止由気宮儀式帳』(60)に説明がある。延暦二十三年成立だが、豊受神の出自を明確に伝えている唯一の記録といえよう。太陽神（日神）で稲作文化と関係の深い天照大神とは対照的な北方日本海域の神がいわば支配・被支配の関係にあることは、伊勢神宮（神祠）の祭儀が日本列島全域に広がる世界観に立つものとして、われわれにとって無視できない視点を提供している。

Ⅳ　スサノヲの神格とオホゲツヒメ型の神話

1　神饌の供進と天照大神・豊受神の関係

従来伊勢神宮の成立をめぐっては諸説あるが、基盤は稲祭りにあり、大和政権中枢が信仰をもちあるいは在地土着の神と習合した天照大神（日神・太陽神）を奉斎し、神饌供進を最重要の、また基本とする稲にまつわる祭儀を行ったとする点ではほぼ一致している。前節では祭儀についての大嘗祭との共通性や影響を検討したが、伊勢神祠の起源を考えた際、果たして主神を天照大神（日神）に、また豊穣の祭りとそれにともなう神饌の儀に収斂してしまうのが正しいかどうか疑問が残る。

伊勢神祠とはいったいどのような存在であったのか、ここに粗描してみたい。まず本来の伊勢神祠とは特定の祭神を祀るものではなく、豊穰を予祝する、一定社会に認知され公共性をもつ普遍的な祭儀場であったこと、それは伊勢を含む東海地方が弥生期以来、ヤマトの政治勢力や文化の東方進出の拠点となり、とくに西南日本で発達した稲作中心の文化が東国の雑穀栽培中心の異質な文化と衝突または競合する環境のなかで、境界上に展開する衢神・塞神を鎮撫し安定させる祭儀場としての役割を担ったことを意味した。

たしかに豊穣の祭りではあったが、祭られる神は天照大神ではなく、神に捧げられる神饌の形態も意義も異なるものであったと考える。なぜそうした解釈にいたったのか、それは記紀神統譜にみる天照大神・月読尊・素戔嗚尊の関係と関連神話の分析によってえられる。その点で、まず伊勢神宮の神饌のありかたを内宮の天照大神と外宮の豊受神の関係で考察してみよう。

伊勢神宮では、神嘗祭と六月十二月の月次祭の三度の大祭（三節祭）が最重要の祭儀であり、由貴大御饌が献上される。そのほか、「日別朝夕大御饌祭」も特別な祭儀に数えられている。外宮正殿の背後にある御饌殿で、内外宮祭神に対して毎日朝夕二度の神饌を供えるもの。この神事に仕える地主の度会神主一族から選ばれた二人の童女（大物忌・御炊物忌）が重要で、禰宜以下の神官が参加しながら、御炊殿に入ることのできるのは、度会神主一族の二人の童女だけであった。岡田精司は、㈠天照大神（内宮祭神）に対する供饌が外宮のみで行われ、㈡供饌殿における天照大神と豊受神（外宮祭神）の神座が向い合う。㈢度会一族の童女によって奉仕される、の三点からみて、天照大神に供える御饌を地主神の度会神が調理して進上することの意味は、豊受神が御饌神であり、天照大神を接待する従属的な立場を象徴するもの、と指摘した(61)。トヨウケのトヨは美称で、ウケが本来の名。記紀に散見する食物・穀物神が大宜都比売（大気津比売―記）、保食神、宇迦御魂・倉稲魂の神名をもつので、ウケの意味するところは各自共通するといえよう。そこでこの豊受神と天照大神との因縁はどのようにして生れたのか。私見は両者の関係は本源的ではなく副次的なものと考える。だが問題を突き詰めて行くとどうしても伊勢神祠の祭儀が原初どのようなものであったかの考察に向わざるをえなくなる。

問題の鍵は記紀神統譜における天照大神の誕生と弟の男神月読（月夜見）尊（命）、および素戔嗚（神素戔嗚・速須佐之男）尊（命）三神の系譜関係にある。この兄弟三神は天孫降臨神話を除くと、記紀神話のなかでもっとも重要な地位を占める。ところが兄弟でありながら性格も行動の様式もまったく異なる。相互に異次元の世界にありながら兄弟に位置づけられるのはなぜであろうか。伊勢神宮の祭儀のうちで最重要に位置するのは、先述のように神饌の供進だが、三神はいずれも神饌と関係をもちながら、内容も形態も相違している。天照大神の実質的な祖系は、伊奘諾・伊奘冉二神の国生み神話に始まる。諾冉二神はまず不具な蛭児を生み、ついで大八州国を、最後に火神軻遇突智を生むが、火焔に焼かれて冉神が死ぬまで土神埴山姫、水神罔象女（みずはめのめ）等を生むという異伝をともなうものの、のちの神話型につながるのは天照大神・月読尊・素戔嗚尊三神の誕生にある。ただし古事記ら一部所伝は、イザナギがイザナミの住む黄泉国を訪れてのち、その穢れを除こうと、筑紫日向橘小門の阿波岐原で禊祓を行った際、天照大神ら三神を出生したと伝えており、黄泉国とイザナミの関係を断絶させようとする作為がなかったとはいいきれない。だがスサノヲについては、古事記神話の後段に、出生してのち八挙須（やつかひげ）が胸前に及ぶまで泣き暮らし、その姿を父のイザナギに叱責されると、妣（母）の住む「根之堅州国」に行けるよう懇願したとみえ、若干の食い違いがある。神代紀誓約・天岩戸隠れ条本文に、スサノヲが天照大神を姉弟の関係で記述するので、同第二の一書、古事記に、天照大神がスサノヲを「我が那勢命」と称し親愛の情を明示するなど、両者のつながりは月読尊以上に強固といえそうである。

『皇太神宮儀式帳』(62)では、内宮の天照大神は豊受神の神饌を受けるが、一方の素戔嗚尊と月読尊は各自、古事記の大気津比売、神代紀国生み条第十一の一書の保食神から供饌をえている。主神の素戔嗚・月読二神は男神だが天照大神は女神とされている。御饌津神のうち、オホゲツヒメは女神、他の保食神・豊受神についてはあいまいな存在。古事記国生み条諸冉二神が生む神に豊宇気毗売があり女神だが、同天孫降臨条には「登由宇気神、此者外宮之度相に坐す神者也」とみえ、両者を完全に同一視してよいかなお疑問が残る。しかも記紀神話でいえば、スサノヲの大気津比売神も、また月読尊の保食神の性別は不明ながら、双方の御饌津神はともに主神によって斬殺されるので、その点で豊受神は御饌津神としての対応に大きな相違がみられるのである。神話と実際の祭儀に差違があって当然だが、なぜ対応の仕方に相違が生れたのか、まず月読尊と保食神、素戔嗚尊と大気津比売の関係から検討することにしよう。

2　天岩戸神話におけるスサノヲの暴逆行為とカミヤラヒの伝承

『皇太神宮儀式帳』を参照すれば、「管神宮肆院行事」の項に、内宮正殿以外の別宮四院が記され、この存在が主神天照大神の神格形成、ひいては伊勢神宮成立の一端を究明するうえに重要な示唆を与えるものと判断している。別宮四院とは、㈠荒祭宮（太神宮荒魂宮）、㈡月読宮、㈢伊雑宮、㈣瀧原宮をいう。このうち荒祭宮は内宮敷地内にあり、また月読宮は荒祭宮とともに太神宮の北に位置し距離は三里以内の比較的近接した場所に存する。ところが、伊雑宮と瀧原宮は天照大神の遥宮と記しているように、距離は大きく隔たりがある。なぜ皇太神宮を離れた遠方に天照大神の別宮が置かれたのであろうか。筑紫申真は伊雑宮の神を伊勢磯部（海部）の信仰した地方的な太陽神であったとみる(63)。伊雑宮の田植まつりの際、神田に立てられた忌み柱に一本の太い青竹が縛りつけられ、その上方につけられた翳（さしば）は上下二つほどあり、上には日月と蓬莱山、下には神宮の紋どころの「太一」をつけた帆かけ舟（太陽船）が伊雑宮に向う様子が描かれている(64)。元来天照大神を、伊勢の地方神・土俗神の習合したものとみなす見解はあったが(65)、天照大神が中央的なもの、地方的なものを問わず太陽神的で多様な神格を合体させて生れた神とする見方は許されるのではなかろうか。瀧原宮は宮川の源流に近く、「伊勢志摩両国堺大山中」（儀式帳）にあり、神代紀天孫降臨条第一の一書に、「其の猿田彦神は、伊勢の狭長田の五十鈴の川上に到る」と記しているように、伊雑宮の海洋神とは対照的な奥山の山神としての太陽神の実体を予想させる。太陽神（日神）が天照大神という一つの神格に収斂されて行く過程で取り残される負の部分が、伊雑宮・瀧原宮にあったのではなかろうか。反面、四院の一つに月読宮が含まれることは注目すべきであり、その位置関係からしても本来の伊勢神宮では日月の二神が並祀される時代があったことを推測させる。この点は、天照大神と豊受神のつながりから察知されるが、まず記紀神話の天照大神と月読尊にまつわる伝承から検討することにしたい。

先にふれた国生み条第十一の一書に、保食神との出会いを伝える神話がある。話の内容はやや唐突ではあるが、天照大神が月神に向って葦原中国に住むという神を探索してくるよう求める。この神話は、諸冉二神が天照大神ら兄弟三神を生んだ後に続いているので、保食神がこの神話に登場する必然性はあまり感じられない。その場合、保食神は月夜見尊を歓待しようと、首をめぐらしてそれぞれ国・海・山に向けるたびに口から数多の食物を吐き出し、御饌津物を膳に並べて供応に勉めた。あまりの汚らしさに激怒した月夜見尊は剣を振って保食神を撃殺してしまう。天上に戻った月夜見尊の報告を聞いた天照大神は怒って、「汝は是悪しき神なり。相見じ」とそっぽを向く。表面的にみると、日月が交替で出現することの起源神話のように受け取れるが、根底は保食神を殺す悪神を強調する点に意味があったのである。月夜見尊がスサノヲと同一次元の暴逆神として描かれていることを見逃すべきではない。オホゲツヒメとウケモチ二神の役割は基本的に御饌津神として主神を歓待することにあった。

ところが、深層では撃殺された二神の屍に穀物等が自生するところに真実が隠されていた。一方、スサノヲは天照大神の天岩戸隠れによって、八百万神からカミラヤヒの罰を蒙り、高天原から追放される。そこで根の国（根の堅州国）に下向する途次、困窮の果てに大気津比売に食物を恵んでほしいと懇願した（古事記）。オホゲツヒメが食事を供進すると、保食神と同様にスサノヲによって撃殺されるが、その屍の頭部に蚕、二つの目に稲種、二つの耳に粟、鼻に小豆、陰部に麦、尻には大豆が生じた。なお、別に雅産霊（わかむすび）の神話（ワカムスビは火神カグツチの子で、頭上に蠶（蚕）と桑、臍（へそ）のなかに五穀が生じたという）があるが、供饌の話はみえない（神代紀上、日月出生条第二の一書）。あらためて大気津比売、保食神を比較すると、化生した五穀の類では共有するものの、ウケモチ型神話には牛馬等畜類が混入しているので、より発達した変型の神話体系に属することが考えられよう。[66] 保食神の屍体の各部位と化生した畜類（牛馬）および穀物の名称をめぐっては、朝鮮語とのあいだに顕著な類似性がみられ、[67] 朝鮮語に通じた韓半島からの渡来系知識人の手を経たもので、[68] さらにこれらの記録は、朝鮮系の筆者または伝承者が関与した「二次的加工」によるものとの指摘も聞かれる。[69] オホゲツヒメ型神話については、スサノヲがカミヤラヒによって底根国（神代紀天岩戸隠れ条第二の一書）に赴く物語と深くかかわる点が注目される。原因となる暴逆行為については、

㈠　阿離ち、溝埋め、重播種

㈡　絡縄　挿籤

㈢　屎麻理、生剥ぎ・逆剥ぎ

などの多くの天津罪が、天照大神の営田に対する不法行為、占有、用益権の侵害、あるいは斎服殿の紡織行為への悪行、新嘗宮神事の帰属に関する妨害であり、端的にいえば水稲耕作の営業、またそれを支配する神事や祭儀についての妨害を意図したといえそうである[70]

権利侵害の当事者がスサノヲであることは、穀物の成育を妨げる重播種のほか、畔・溝等の破壊に及ぶなどむしろ水稲耕作そのものへの反抗がうかがえることから、稲作とその文化に未熟で快く思わない社会や文化を代弁する神として意識された可能性が考えられる。そのことはまた、天岩戸隠れ条一書に、スサノヲが所有する天織田・天川依田・天口鋭田の状況を「此者磽地なり」と形容する点にもよく反映されて

おり、単なる田畑の善悪だけでなく、灌漑など先端技術を駆使した開発型水稲栽培とは一線を画する、陸種田、あるいは縄文期以来の旧態依然の雑穀栽培・焼畑農耕の水準にある農業経営のありかたと対比されるものかもしれない。

3 稲作の伝来と縄文系雑穀栽培・焼畑農耕の文化
――照葉樹林文化論とオホゲツヒメ型神話の形成――

弥生式土器は、水稲農耕と一体化し時間と地域的段階をふみながら、前期末には本州の青森県にまで拡大した。だが水稲普及の地域的実相は調査の比較的進展している北九州や瀬戸内を除けば、弥生式土器や生産高の尺度を示す壺の出土例が少ないなど、解明のできていない部分が多く、文化的にみても、縄文系集団と弥生系集団の共存または対峙の状況にある遺跡が存するなど、多くは縄文から弥生への転換が一挙には進展しなかったらしい(71)。

照葉樹林文化論によれば、佐々木高明が主張するように、「照葉樹林文化終焉の日」に稲作文化が独立(縄文後・晩期に該当する)したとし(72)、段階を設定しながらも、華南(江南中心)より直接、雑穀栽培・焼畑農耕文化と稲作文化が渡来したとされる。大林太良は、比較神話学の立場から華南(嶺南)に広く伝播する宇宙創造の盤古神話(73)とこの地の雑穀栽培・焼畑耕作の諸文化との関連性を求め、先の神代紀の保食神が国・山・海の宇宙三界を向いて食物を吐き出す神話など、記紀全体の神話体系が盤古神話との構造的類似性をもつことは否定しがたいとする。[74] だが考古学的資料を重視するかぎり、稲作文化の流入経路はより多様になり、落葉樹林帯の華北から朝鮮半島を経由し、その間雑穀農耕との結合変容がはかられつつ、玄界灘を渡る朝鮮半島南部経由説が有力化している。このような「日本型」稲作文化は、寺沢薫によれば、照葉樹林帯（西日本）での普遍的な焼畑雑穀農耕を想定することは困難で、稲と他の雑穀・ムギと混淆して渡来したものの、ついで弥生水稲稲作へと体系的に発展することなく、水稲農耕が定着し始めた縄文時代晩期末―弥生時代前期以降も山地環境に順応し残存していった客体的な農耕[75]との共存を生み出した、と説明している。そのなかで、日本稲作文化の伝流について、一九七〇年代の先駆的研究にすでに魅力的な試論が提示されていた。それは、北九州から開始された弥生前期の稲作文化が遠賀川式土器をともないながら、凸帯文土器の分布する東端付近、すなわち東海地方西部にいたり、いったん伝播を停止したとの指摘である。

客観的にみても、弥生前期の稲作文化の拡大が、縄文晩期の凸帯文土器の分布地域ときわめて密接な関係をもつことを示し、この問題をめぐってつぎの三点が考慮された。

(1) 弥生前期の文化が東海地方西部に達した頃、それより東には東北地方中心に発達した亀ヶ岡土器によって代表される縄文晩期の文化（亀ヶ岡文化）が存在した。

(2) 弥生前期の稲作文化が中部以東の地域に伝播するときには、何らかの気候的障害があったのではないかということ。

(3)　凸帯文土器に代表される縄文晩期に西日本に広がった文化のなかには、すでに弥生前期の水田農耕文化を受け入れやすい条件が整えられていたのではないかということ。

これらは相互に連携しており、切り離しては考えられない。縄文晩期に西南日本で発達した凸帯文土器の分布域は東端が東海地方西部で、弥生前期に西方から進出してきた稲作文化に対し、亀ヶ岡文化はその抵抗線となった。佐々木高明の見解によれば、縄文晩期の凸帯文文化が西南日本中心の照葉樹林帯で発達し、一方の亀ヶ岡文化は落葉広葉林帯に適応するという基本的特色をもつ。すでに縄文晩期には、両文化ともにほぼ焼畑農耕の水準に到達していたが、落葉広葉樹林帯にみられる焼畑農耕には、東北地方や中部日本で栽培されている蔬菜類の古い品種のうち、西南日本の在来種と違う性質のものが発見されていて、その特色が旧満洲（中国東北部）・シベリアのものと連続することから、日本海を横切り直接東北日本に達する伝播経路をもつ北方系農業の影響があったと説く。さらにまた、旧満洲・シベリア系とみられる東日本の蔬菜群の西南端は、若狭湾から伊勢湾にいたる線の付近にあたる。それは先の縄文晩期の文化を東西に分ける線と一致し、弥生前期の遠賀川式土器分布の東限にあたる線と不思議に重なるという[76]。遠賀川系の土器文化の分布でみると東海地方では愛知県東部などの東端部をはずしている。遠賀川系土器の弥生文化は東日本の縄文系文化との直接的な対立を回避し、間に条痕文系（水神平系＝縄文系）土器文化を介在させた。愛知県では遠賀川系土器の勢力圏周辺で水神平系土器にともなってかなり広く分布する。北部では愛知県の西浦遺跡、岐阜県の三つ池遺跡、東部では愛知県の岩滑（やなべ）遺跡、樫王（かしおう）遺跡、五貫森（ごかんもり）遺跡、水神平遺跡など。この地域では壺だけでなく甕もみつかっていることから、物資の流通を通じて人的交流もかなり進展したものらしい(77)。

上記の北方系農業は朝鮮半島南部の農耕にもある影響を及ぼしていた。中国東北部を起源とするらしい雑穀栽培が、のちに中国大陸の、山東半島・淮河周辺から初期稲作が伝播(無文土器をともなう)した結果、コメを主体にアワ・キビ・マメ等の先行作物を混淆する複合的な農耕文化を生み出したとする指摘がある(78)。このような地域環境は、本格的に東日本まで水稲稲作が浸透する弥生中期以降、さらに古墳時代以後も大きくは変らなかったと推察される。先進的な稲作と旧来型の東日本・中部日本の焼畑雑穀農耕、それにともなう土器文化が、時と場合により衝突・融合しつつ長期にわたって共存する状態が継続したとみられるのである。その意味で縄文晩期から弥生初期の東西文化を分断する抵抗線が伊勢を含む東海地方西部にかかり、その境界上に伊勢神祠が置かれたことの意義は大きい。伊勢神祠の営む穀霊(稲魂)の祭りが政治・文化的にみても公共性のある、地域を超越した広範な祭典に発展した蓋然性は高い。先述の天岩戸神話にみる天津罪とは、西郷信綱によるとある種の祭式を破壊する行為によって祓いやられるのであり(79)、このようなきまりを確認することで、「大嘗祭」に結実していくと説く。暴逆神スサノヲの犠牲となるミケツノカミのオホゲツヒメ型の祭式が、天照大神を主神とした新たな稲祭りを生むなかで変貌を遂げ、伊勢神宮へと再編が進捗したと考えたい。天孫降臨神話に、衢神の猿田彦と猿女君遠祖天鈿女(天宇受売)命が対決する個所があって、伊勢地方が一時期、稲作文化を仲介する拠点としてアツマ・エゾの語に代弁される地域的言語（方言）など、隔たりの大きい異文化と対峙・対立するある種の抵抗線の役割を果たしてきたとみられる。西郷信綱によれば、吾妻（東）・蝦夷は単に中央ヤマトからみて東方（ヒムガシ）の地域・住民の意味ではなく、大和政権にとっての辺境（フロンティア）を指すという。[80] 辺境はさまざまの文化・風俗・慣習・言語・生活等異質な要素が交錯し、差別・偏見・対立を助長することにつながった。稲作伝播に果たした天照大神の貢献度は保食神神話に現れている。保食神が殺害されてのち、天照大神はあらためて天熊人に屍体を確認させるが、そのとき持ち帰った稲種をはじめて天狭田・長田に殖え、収穫時に垂穎が八握に及び大いに喜ぶ。その田地は大神の「御田」と記され、同時にまた、大和政権が伊勢神宮に遣侍させる「斎王」の実像をも意味したのである。

スサノヲは天照大神の斎服殿や御田を破壊し、そのため日神が岩屋に身を隠すと、八百万神が集まり岩戸を開放させ、日神はふたたび姿を現わす。最後は、スサノヲに千座置戸（罪を贖うために支出する金品を載せる台）を負わせ高天原から祓い捨てる。これら一連の所作は劇場的な演出とも受け取れるが、月読尊の保食神撃殺に端を発した天照大神による神田開発が異次元の文化の継承者ともいうべきスサノヲの妨害行為を克服した結果、弥生系の天照大神が縄文系文化を表象するスサノヲを敗北に追い込む神話的構想は、そのまま伊勢神祠の祭儀の変貌と転換を物語るものでもある。行動も性格も相違した三神がなぜ兄弟関係にあるのか、その理由はまさにかれらが同一の祭儀、伊勢神祠の祭りに関与したことの何よりの験であるといわねばならない。伊勢神祠の根底にある神観念は、自然的世界観に裏づけされたものだが、これと同じ観念がペルー、古代インカの信仰にも反映されており、それはクスコに設けられた太陽の神殿、その聖堂と取り巻く回廊の分室配置に表れていた。太陽神を中心に月神がその脇に、離れた周辺に雷（稲妻・雷鳴）と虹の神の部屋がある。(81) 記紀神話の誓約・天岩戸隠れ条にみる天照大神中心の兄弟三神の関係は、まさに月神の月読尊が脇に、素戔嗚尊は遠ざけられて周縁に置かれている。上記の神話構造は、そのまま伊勢神祠の祭祀体系に置き換えることができるのではなかろうか。大祓の意味はその点にあると考えられる。

V　大解除の祓柱と生贄をめぐる問題

1　スサノヲの放浪神的性格と大祓の神事
――ハラエとイケニエ――

スサノヲはどのような神であったのか。上記考察から浮上してくるのは、単に自然神、暴逆神というだけではなく、稲祭りの主神の日神（天照大神）と対決するような周縁の神、それも完全な別系統・異域の神ではなく、たえず意識する範囲の神であったという点である。素戔嗚尊はある意味で八岐大蛇（竜蛇神）と一体でみる必要があり、伊勢大神が民間信仰のレベルにおいては、時代を越えて竜蛇神の側面をもつと信仰された背景があるのではなかろうか。斎王遣侍の往復に執拗なほど禊祓が繰り返されたこと、伊勢神宮の年中行事に大祓神事がきわめて重視されたことの意味はその辺にあると考えられる。

伊勢に接する美濃（飛騨）と後背の近江は、現在も変らぬ豪雪地帯で琵琶湖を隔てた越前・若狭・丹波の日本海域と向き合う。山地が多く平野に乏しいので、地形や水利の面でも水稲栽培には不適な環境にある。冬場は季節風が吹き荒れ、スサノヲなど威力神を生む素地はたしかにある。いま一つの条件に放浪神

（漂泊神）の性格がみられ、一瞥しても出雲・安芸・紀伊、また韓半島新羅に縁戚があり、最終的には根国・妣国に赴く結果となる。夏冬の季節は一種のマレヒト（客）神の到来を招く。穀霊の祭りは生命の通過儀礼をも意味した。客神の訪れは新たな生命を育む契機となると同時に、客神の暴逆は多大な災厄と死をもたらすと懸念されたために、神話上は八百万神の集議によって、遠く根国に放逐されることになる。その素戔嗚尊は大気津比売神に、天照大神は豊受神に、月読尊は保食神に各自御饌津神からの供饌を受ける。大気津比売神・保食神はいわば穀霊の裏返しであって、儀礼的には主神に犠牲として捧げられ、その分断された屍体に五穀が生ずるという民族学上の定義、「死と豊穣の神話」[82]の形成を実践したものにほかならない。スサノヲに対比される天照大神は、温暖な南風（時にモンスーン〈台風〉として）に乗って神祠を訪れる。この神には稲種が用意されており、天狭田・天長田を囲い込み、その「御田」を自ら耕作することで水田開発を促進する。間接的だが、保食神の屍体に自生した種々を、月神（月読尊）が天熊人を介して日神（天照大神）に供給する神話の存することは大変興味深い。垂仁紀二十五年条には、ヤマトヒメを杖代に鎮座する伝承が記され、このような天照大神の漂泊もスサノヲと同じ放浪神の性質を顕示したものといえよう。

スサノヲのカミヤラヒは、従来から六月十二月晦の大祓神事と関連があるとの指摘が多く、あらためて大祓神事の由来を考えることにしたい。[83]『延喜式』祝詞、六月晦大祓条に、

天下四方国爾波罪止云布罪波不在止（中略）。如此久気吹吹放氐波　根国底之国尓坐、速佐須良比咩登云神、

　持佐須比氐牟。

などとある。すべての罪障は大祓によって根国、底国へと吹き放たれる。最後に待ち受けていた速佐須良比咩によって処分された。この女神がスサノヲの分身または投影であることはいうまでもないが、大祓は別に大解除とも称し、天武紀には神事の次第、そこには大祓の原型を思わせる記述がある。同五年八月辛亥条に、

　四方に大解除せむ。用ゐむ物は、国別に国造輸せ。祓柱は馬一匹・布一常。以外は郡司。各刀一口・鹿皮一張・钁一口・刀子一口・矢一具・稲一束。且戸毎に麻一条。

とみえ、祓柱、すなわち用意の主たるものが馬一匹の供犠であった。大刀・刀子・矢が用意される意味は、生きた馬が引き出されることから、まず矢で馬の急所を狙って射止め、大刀を使って処置しさらにその屍骸を分断する。おそらく腹部を裂いて内臓を取り出したあと、さらに屍体の各部位を分断したのであろう。これは供犠の現実に取られる通常の処置法であり、記紀神話の八岐大蛇退治の物語や大気津比売・保食神の屍の身体各部位から五穀が自生する物語等からも容易に推測できることである。つぎに注目されるのは钁一口がみえる点で、钁は土を掘り起す大型の鉏であることから、神事が終了した際、馬の屍を埋葬する必要があったことを示唆せしめる。したがって供犠は単なる擬制ではなく、実際に屠殺された事実を反映するものといえよう。稲一束が供進されていることも興味深く、元来大祓が罪障の解除に止まらず、豊穣をもたらす〝稲祭り〟とつよく結びつく神事でもあったことをうかがわせる。なお、同十年七月丁西条に

は「馬に代え、国造等、各祓柱奴婢一口を出し、解除す」とみえ、臨機とはいえ奴婢を祓柱とする点に注意が向く。地域によって馬の調達が困難で急遽代用したとも考えられるが、人身供犠が「人柱」の名目である程度日常的に行われたとみてよいのではなかろうか。[84]

2　古代日本の生贄と牛馬の屠殺について

かつては伊勢神祠においても実際に人身供犠が行われた時期があったと考えている。この点については、かつて津田由伎子がつぎのように断言している。

古代の民族は東西を問わず「いけにえ」というものを神に捧げて、神の意を慰めた。——おのれに所属する最高・最愛の貴重なものを犠牲にして神に供えたといわれている。古代斎王はいわば神にささげたいけにえの、遠い時代の遺制なのである。[85]

斎王いけにえ論はイデオロギー的にみれば十分に成立しうる概念規定である。しかしそれだけでは単なる憶説にすぎず、斎王がイケニエになりうる理由は何かが問われなければならない。私見はこれまでにも考察してきたように、ハラエと祓柱に立てるイケニエを一体化した祭儀が伊勢神祠で行われたことが根底にあるとみる。すなわち「大解除」の原点である。磐隈・菟道二皇女の〝姦通事件〟の背景はまさにこの点にあり、斎王の遺侍はイケニエの慣行なくしては起りえなかった。またこのイケニエを求める威力神が果たして天照大神のような人格神でありえたかどうか。これはおそらく太陽神（日神）を主神とする新たな神饌の体系が確立することと無関係ではなかろうが、いつの時代かのちにハラエからイケニエの条件が切り離された結果、抽象的で形骸化したことから遺侍の本質が忘れ去られた。そこで登場する斎王「神妻」説は、物事を真実から遠ざけあいまいにしたといわざるをえない。前神祠(プレ)の時代、〝斎女〟の醸出は伊勢の大祭に参加する畿内一円の首長層にとってなかば義務化されており、また人質の意味もあった。〝斎王制〟に移行するにともない、「天皇の娘」一人が選ばれ象徴化するが、遺侍の語に示されているように、斎王が伊勢大神に貢献されるという本来の意義は最後まで失われなかったといえる。遺侍は当然大王（天皇）の身替りの意味があることはいうまでもない。

その点でハラエと結びつくイケニエとは何か、ハラエの本義を知るためにもイケニエの意味と実態について、迂遠ではあるが、ひととおり検討することにしたい。まず普遍的に知られている『今昔物語集』の類話を取り上げる。同書巻二十六に[86]、二件の人身供犠が伝えられている。㈠は、美作国中山と高野二所の神[87]（象形は中山が猿、高野は蛇とする）が、毎年一度の祭儀に国人で未通のうら若い娘一人を生贄に取る風習があって、一人の猟師が犬を使って猿神を食い殺させ、また猟師自らは首領の猿を捕えて謝罪の誓約を取り、山中に放逐する。つぎに飛騨国の猿神が同様のイケニエを求める話が記され、遠来の一人の僧侶がイケニエの対象になった娘の身替りとなって猿神と対決し、かれらをことごとく捕えた末、懲罰を負わせ山中深く追放したという。相互にイケニエを調理するための俎(まないた)・大刀・真箸(まなばし)等が用意され、「生贄ニ向テ切ムト為程ニ」などと記しており、一般に『国語辞典』、『古語辞典』などに、「生物を生きたまま贄として神に供えること」と記すのは、生贄の本義ではなく、活かしておいたニヘを殺して神に捧げる意と説く西郷信綱の解釈[88]が妥当であると思われる。オホゲツヒメ型神話では、穀霊が擬人化した大気津比売・保食神が主神によって撃殺される結果、分断された身体の各部位に、それぞれ稲・麦・大豆などの雑穀が自生する。あくまで撃殺された屍骸に五穀が生じたのである。

著名なJ・G・フレーザーのイケニエの報告例をみると、世界各地の未開社会、中南米・西アフリカ・フィリピン群島・インドなど広範囲な地域で農作物の生育を促す人間の供犠が行われたという[89]。魏書東夷伝の夫余条には、「旧夫余の俗水旱調はず、五穀熟せずば、すなはち咎を王に帰し、或は言ふ当に易へ、或は言ふ当に殺すと」とみえており、責任は人民を代表する王が負わねばならなかった。またアフリカの供犠によれば、きわめて刺激的な「血の供犠」の印象がつねに付きまとっている。供犠は、祖先の家族間のきずなを強調するための儀礼的な料理を主たる目的に用いられる個別的な「家族供犠」のほか、いま一つは、諸宗教が自らの宗教的儀礼の起源を説明する神話的モチーフにしばしば使用され、人間・神の死が世界の創造あるいは人間の救済を確実にするという宇宙論的目的をもつ供犠とがある。その際には王がすぐれて供犠の対象である。

リュック・ド・ウーシュは、こうした王の政治的・象徴的性格について、つぎのように説明する。自然界の諸力の恐るべき支配者である聖なる王が一定の統治期間の後、天寿を全うすることなく死ぬべく運命づけられていること、つまり供犠の犠牲となることには疑いの余地がないからである。王の儀礼的殺害は聖なる王の定めであり、それは王の過剰な力、彼の怪物的で文化破壊的な性格に制限を加えようとするもろもろの禁忌の究極の表現なのである、とする。[90] 一例として、西アフリカのセグの諸王の即位に際し、王の身代りとして一人が供犠された。犠牲者は白子（色素欠落による全身白色の人で、過去のアフリカ黒人社会では、しばしば半端に扱われ、異端視された。その神秘な霊異に畏怖する面があったと思われる）で、こうした王の身代りは王権の周縁部分である怪物・半端者、あるいはよそ者（儀礼的な戦争捕虜）などがある。犠牲者の血は、王の剃られた頭の上に注がれた。また白子の尿と排泄物が水に混ぜられ、王を洗うため用いられた。しかし、もし王の統治期間が長すぎたり王が無能であったりすると、王自身が供犠されるが、その場合、王は白子と同じやり方で殺害された。[91] このように、聖なる王は宇宙的秩序の維持に究極の責任を負っていて、ヤマトの初期神聖王権の王にも同様の責任が課せられていた可能性が高い。最終的な負債の償却が王の供犠であるとすれば、伊勢斎王が実質的に天皇の身代りで伊勢神宮に遣侍された場合、原理的には斎王が身代りの責務を果たさねばならないのは当然であろう。

しかし人間・動物犠牲を含めた生贄は単に殺害されるだけではなかった。祖先霊と家族間の供犠はそれぞれの役割と関係に応じて「料理」がつくられねばならず、一般にいう神と供犠祭主の犠牲の分配においても神の取り分と祭主の取り分を区別するためにも、屍体は切り刻まれ、頭・心臓・胆嚢・手足・骨・肉等に細分化される。大気津比売や保食神の屍体が分断され、身体の各部位に個別の穀物が自生したとあることは、本来的に切り刻まれ細分化された事実を証するものであろう。人間供犠・動物供犠のなかでも特別な役割を果たしているのが「血の供犠」である。家族供犠では祖先と家族間をつなぐルートとして意識されるほか、災厄（病魔）を祓除する浄化の働きをもつ。たとえばアフリカのモザンビークの例では、患者を治療する呪術師の処方で一匹のヤギが供犠され、前脚の付け根が切断されると、患者は傷口にむしゃぶりつき流れる血をすする。飲み終え満腹すると、特殊な薬品（吐薬）が与えられ、自分が飲んだ血をすっかり嘔吐すると、依憑した霊はしっかり追放されるという。(92) また周知のように、死と再生（復活）の儀礼と呪術である。血はポジティブな生命力を解き放す。記紀神話の犠牲はほとんどが斬殺・撃殺・刺殺等出血をともなう手法で殺害されていて、『播磨国風土記』の例によると、国つ神が生き鹿を捕り臥せその腹を割き血によって稲を植えた（讃容郡条）、同じく土地の神が自分は宍の血で佃るので河水は欲しない（加茂郡条）とするなど、一般に供犠が出血を強要する性格のものであることを推測させる。供犠の対象や目的はさまざまだが、元来犠牲を捧げる目標が人間側の意志と願望を反映したものである以上、犠牲を生きたまま献じて神の処置に任せる（血を流さない供犠はある）ということはありえないことといえる。

今昔物語集の美作国神は体形を猿とも蛇ともつくるが、実際斎場に現れたのはともに猿神であり、彼らは懲罰を蒙って山中に放逐される。実体は山神である。荒ぶる山神は季節ごとに訪れる客神に当り、罪障はハフル（祓）神事で分散され払い捨てられる。語源は放ち捨てる「放り」と斬り裂き分断する「屠り」と同根・同義で、一方でほうむる、埋葬する「葬り」(93) とも通じる。大祓の意義はすべてをはふる、放ち捨てることにあった。供饌のイケニへを祭壇（俎）で調理し犠牲を土中に埋葬する作業がハフリ（ホウリ）という一連の語で説明できる。ところが神事を司掌する統括責任者で最下級の神人がハフリ（祝・祝部）と呼ばれる点がまた興味深い。西郷は次田潤の著作（『祝詞新講』）の記述に想を得、ハフリ（祝）はツクという語とつながりをもち、神とそれを祀る者が血縁・土着的関係にあったことを示すとする。後に律令制下の職階制への移行にともない、最下級の神人に位置づけられた祝・祝部と村々の神を斎き、イケニへを屠り、神を饗し神と交わる巫者、ときに土酋でもあったハフリとの新旧二様の側面が具現することになったと主張する。(94)

祝部と牛馬屠殺の関係については、皇極紀元年七月条にもみえるが、皇極紀の記事は続いて「諸の社の神を祭る。或いは頻に市を移す。或いは河伯を禱る」などとあるので、雨乞いの中国式行事をそのまま映したとの観測も成り立つ。市場を別の場所に移して市の門を閉じ、人を入れずに祭儀を行う(95)のは、中国風の典型的習俗でもある。さらに牛馬屠殺の伝承については、下出積与が『漢書』于定国伝を引用し、本邦固有でなく大陸に発現した風習と断じている(96)。ただ中国では『周礼』地官大司徒条に「五帝を祀り牛牲を奉る」とあるなど、犠牲の偏が牛であることから知られるように、用いる牲は牛・羊・豕(豚)の三種で、馬は含まれない。日本の場合、牲の牛馬が竝称され、『類聚三代格』禁制事条、天平十三年二月七日詔に、

詔す。馬牛人に代りて勤労め人を養ふ。茲に因りて先づ明制ありて屠殺を許さず。今聞く。国郡未だ禁止する能はず。百姓なほ屠殺あり。宜く犯すあらば蔭贖を問はず先づ杖一百を決め、然る後罪を科

すべし。また聞く。国郡司等公事に縁らず人を聚め田猟し、民の産業を妨げ、損害実に多し。今より
　以後、宜しく禁断せしむ。更に犯すあらば、必ず重科に擬てむ。

同様の内容が延暦十年九月十六日官符(97)にもみえる。まず「まさに牛を殺し漢神の祭に用ゐむを禁制すべき事」と表題を記すが、馬はみえない。本文に「聞くならく、諸国の百姓牛を殺し祭に用ふ。宜しく厳しく禁制を加へ然るを莫からしむべし」とあり、諸国に対する禁制がなぜ漢神の祭りに結びつくか説明がない。記述に脱漏があるか(98)。天平十三年詔に牲の対象が何か明記されないが、延暦十年官符には「殺牛用祭」とあるので、渡来系住民を中心に牛牲がつよく意識されていたらしいことを印象づける。この殺牛祭神の目的については、『日本霊異記』中巻、縁第五に、聖武太上天皇の世、摂津国東生郡に一の殷富な家長公（姓名不詳）が漢神の祟と称して祈り、七年間を期間として一年ごとに牛を一頭ずつ合計七頭を殺して祀ったが、効なく重病に罹り死ぬ。ところが不可思議にも九日後に蘇生し、妻子に閻羅王宮での詳細な裁判の体験を述懐した。裁判には屠殺した七頭の牛の化身、牛頭人身の非人が現われ、家長公を告発する。「明らかに知る。是の人、主となりて四足を截（き）りて、廟に祀り利を乞ひ、膾（なます）に賊（つく）りて肴（さかな）に食（くら）ひし」として、殺牛の行為を己（おのれ）の利欲のために行ったことを強調するが、その利を家長公の私富形成に結びつけるのは疑点が多い。そこで矢野健一は、むしろ「膾に賊りて肴に食」の個所に着目し、これは家長公を「主」として祀りに参集した人々が飲食した事実を示唆するとし、さらに『古語拾遺』の、「祈年祭起源神話」に「営田の日」、大地主神が牛宍（肉）を以て田人に食わしめ、これを見た御年神の子は怒って饗に唾して帰り

御年神に告げたので、御年神が祟として蝗を放ち稲を枯損させる。困った大地主神が御年神に相談すると、牛宍を田の溝に置くよう助言を得、田稲を再生させることに成功し豊穣をもたらした、とあるこの神話を詳細に検証した結果、矢野は、これは「春時祭田」（養老儀制令）の際、牛宍が祭田神事に呪力を発揮することから、村落首長は自ら設備した牛宍を神に捧げる一方、田人にも振舞い飲食（一種の給付物として）させることによって、労働力の徴発など村落祭祀を利用して私的経済活動を推進し、共同体の成員の個別経営を圧迫した。律令国家は共同体の解体にともない徴税基盤が損われることを恐れ、村落祭祀を規制する一環として「殺牛祭神」の禁制に踏みきったと説く。(99) やや強引な解釈だが、その見解は興味深い。姓名不詳の家長公はおそらく渡来系であろうが、霊異記に登場する漢神は、現世利益の道教的神というよりは、閻羅王に仕える牛頭人身の非人からみて、後述のような陰陽道の影響を受けた、病気治療に効力をもつ疫神の傾向がみられるのではなかろうか。日本の伝統的な供犠の慣習は直接に豊穣を期待するというよりも、身に降りかかる邪悪な障害物を払い捨てることに精気を費やした。大祓と供犠が結びつく所以である。

だが現実の考古資料には牛牲が存在したことを示す証拠はほとんどみつかっていない。奈良朝後、殺牛馬の禁制が普及すると、馬牲の代用に土馬や馬形が祭祀の場に頻繁に登場することになるが、反対に土牛や牛形が使用された形跡は管見のかぎり把握できていない。牛は馬に比し輸入時期が遅れて絶対数が少なく、古墳時代の馬形埴輪に対して牛形埴輪の出土例がきわめて少ないことからもうかがえよう。(100) しかし、奈良時代以後にも牛の屠殺が行われたことからみて、馬形と牛形の目的・用途に差違が生じたことが背景にあるらしい。泉森皎は土馬の出土例を、大和の出土遺構別に七種目に分け、その結果を分析している。⑴古墳墓（封土・周濠）、⑵井戸、⑶山頂（山地・丘陵地端部）、⑷池、⑸河川、⑹溝、⑺その他

指摘の⑴古墳墓については、墓前祭としての追慕の祭祀や古墳墓の霊を慰撫するためとするが、破邪・悪気退散、あるいは殉葬の代用としての意味も無視できないと思われる。⑵―⑹の項は祈雨や水霊信仰に使用するとの指摘[101]に格別の異論はない。馬形が本邦固有の祭祀・信仰とつながったのに比べ、牛形はむしろ奈良朝以降は疫神信仰の普及と結びつくことになる。

天平九年（七八七）に大流行し多数の死者を出した痘瘡（天然痘）は朝野を震撼させ、平安朝以後も数多の流行を繰り返した。その対策として設けられたのが宮（京）或四隅疫神祭であり、平安中期以降、陰陽道の影響下、改められたのが四角四境祭である。『延喜式』巻三、臨時祭条によれば、祭料として牛皮・熊皮・鹿皮・猪皮各四張が、同時に畿内堺十処疫神祭にも各一張が用意された。獣皮の供進は表面的には邪気を払う呪術的効果を期待したとみられるが、究極的には獣類の屠殺による供犠の意味をもたせたとみるべきである。その意味で牛皮が筆頭に位置づけられていることは注目に価しよう。庶民は悪疫の流行にまったくなす術もなく、ひたすら退散を願うほかはなかった。大祓のように罪障を払い捨てることはできず、馬の屠殺禁止が比較的早期に効力を発揮し土馬・馬形の祭具に代用されて形骸化したのと反対に、悪疫の蔓延に抗するには、より実効性をもつと信じられた牛の屠殺が簡単に消滅しなかった理由が考えられる。屠殺をただ漢神の祭りに集約してしまうのはむずかしい。『今昔物語集』第二十[102]に「行疫神を賂ひて、

これを饗す」とあり、むしろ疫神を迎えて歓待する様子がみて取れるが、ちょうどその事実を彷彿させるような考古学的発見があった。一九八一年、東京都調布市の飛田給遺跡から奈良時代末期の住居址のほぼ中央部、住居床上三〇センチあたりで牛の頭骨と土師器片等が発見された。屋内床上という場所と、他に牛骨がみつかっていないことから、牛の頭がイケニへとして供えられたと推定されている[103]。屋内が発見場所であることで、おそらく邪気や疫気の侵入を防ぐ目的があったと解すべきであろう。牛頭といえば、ただちに祇園八坂の祭神、牛頭天王が思い浮かぶが、この神は元来インド密教（祇園精舎の守護神とされる）に端を発し、中国の陰陽道と結びつき日本に伝来したとみられている[104]。牛頭に象徴化された疫神として知られるが、反面竜蛇神であったともいわれ、朝鮮半島では竜王信仰が盛んで雨乞い行事等に牛や豚・犬の首を切って竜王の住む池や淵に投ずるという。中国・朝鮮には牛頭・牛首の地名が各地（『東国輿地勝覧』等）にあり、牛神が渡来系を通じて民間信仰的に日本にも伝来した可能性が考えられる。松前健は、祇園牛頭天王とはもともと疫鬼自身ではなく、竜神が除厄の御霊信仰と結びついて疫鬼を統御する守護神となったと論じた[105]。

人柱に発して生贄（いけにえ）にいたり、土馬・馬形と比較して土牛・牛形の問題にも言及するなど、思わぬ脇道に入ったが、天武紀の大解除に話を戻そう。天武紀の大解除が、果たして後の大祓神事とすべて同一視できるかどうか。

従来から大祓を神事として祭儀の側面を否定しようとする見解がある。ミソギやハラエは祭の準備とか疫病を除去するとかの目的で、物理的もしくは宗教的なケガレを除くための呪的儀礼であり、神を祭る行為ではない。神祇令や延喜式をみても、宮廷祭祀においてハラエ系統の行事は大祓・御禊・御贖などを除去する目的で祭の字を付けない。現在の神社祭式においても、両者は厳重に区別されている[106]、という。だが祭と神事を峻別する意識にこそ、まつりの形骸化が現れており、解除や祓の特定用語がつくられたこと自体、その実態を反映するものといえよう。とくに大祓については、ハラエ行事が国家管理のもと、六月十二月晦の大祓として宮廷祭祀に組み込まれた結果、個々の祭儀や特定の神との結びつきを断つ抽象的で物理的な官製神事として独立するにいたったと解せられる。先述の『延喜式』祝詞に登場する「速佐須良比咩」にしても、記紀神話や延喜式の宮中・京中祭神にもまったくみえない抽象化された、いわば「仮空の神」であった。おそらくその背景は、民間のハラエが馬牛屠殺の習俗とつよく結びつき、しかも生贄を欲する竜蛇神や行疫神（漢神）の介在を排除する目的と無関係とは思われない。

天武紀の「大解除」は具体的な神事の状況を伝えていないが、馬一匹を「祓柱」とするように後世の「大祓」神事とは明らかにちがう。麻（のちに木綿）を使用した幣は神への捧げ物であり、また稲一束は神への供饌を意味したから、そこにまつりの片鱗をうかがうことは容易である。日本の祭りは、むしろハラエの行為そのものが儀礼の根幹をなすといっても過言ではなく、ハラエを単にまつりの副次的でしかも物理的行事と断定することはとてもできない。

天武紀にみる「大解除」の神事がどこで行われたか明記されていないが、儀礼の形式のみから判断すると、祓柱の調達が地方諸国、とくに国造の任務とされたことから、これは一種の服属儀礼であり、稲穀の豊穣をも祈念する幅広い重要な儀礼を構成したと考えている。地方国造には元来、地域にあって境界を防護する使命と役割を担っており、のちに記紀や延喜隼人式にみられるように、宮闕や朝廷を防衛する呪力と厭勝効果が期待された隼人の儀礼[107]に象徴化されていったとみてよかろう。祓柱の輸送は天武朝段階では国造（大化後の一国一員制）が担うものであったが、養老神祇令では漠然と「諸国」とのみあり、『延喜式』四時祭上にはまったくみえない。おそらく天武朝頃になお、大化前代の遺制が残り、生贄をともなう大解除は神への帰属がそのまま中央権威に対する服従とされた公算が高い。主神への供饌は、のちの大嘗祭での供饌を含め、祭儀上もっとも重要な役割を占めるが、〝死と犠牲〟をともなうオホゲツヒメ型神話の主神、スサノヲ・ツクヨミへの供饌の実相は、神話と祭儀の相違があるとはいえ、天照大神に対する豊受神の供饌のあり方とは異なる。スサノヲの神話は大解除（大祓）とつながりをもつが、天照大神については、保食神の屍に自生した稲・雑穀類を天熊人が大神に献じた際、喜んで「是の物は、顕見しき蒼生の、食ひて活くべきものなり」と述べたこと（神代紀神生み条十一の一書）、また古事記天岩戸神話に「其（天照大神）ノ大嘗〈新嘗〉聞看す殿」とあること、あるいは伊勢神宮の三節祭の一、神嘗祭の行事等から判断して天照大神と供饌のおよその関連は知りうるが、供饌とミケツカミとの関係や由来は判然としない。『止由気宮儀式帳』によれば、雄略天皇の夢占で外宮豊受神を丹波の比治真奈井から勧請したと伝えるが、唐突でなぜ丹波から勧請されたのか理由がわからない。思うに天照大神が伊勢神宮に鎮座することによって、供饌の目的、さらには祭祀形態にも大きな変動が生じたと考えられるのである。ともに流離する天照大神とスサノヲが記紀の誓約、天岩戸隠れの神話での究極の抗争の果てに、一方は高天原の盟主として高皇産霊尊（高木神）とともに「天孫降臨」を主導し、他方はどこにも受け入れられず根の国（常闇の世界）に赴く。その過程は伊勢神宮（神祠）の祭祀の変遷を反映したものではなかろうか。神宮の成立をめぐる風土と環境、その歴史的背景を次章以降で検討したいと思う。

VI　古代伊勢の風土と歴史

1　崇神紀の「政教分離」と天照大神伊勢遷祀の伝承
――纒向遺跡と三輪祭祀権の分裂――

大和政権の発祥地とされ三輪山麓に展開する纒向遺跡が、古墳時代の幕開となる都市型集落であると同時に、北方の弥生期の唐古・鍵遺跡とは対照的な一次生産者の欠如、農耕民の存在を予想させるような木工具以外の農具がほとんどみつからず、他に広範囲の地方から外来土器（一部に韓式土器を含む）の搬入があり、人的移動を含めた流通システムが機能し始めていたらしい[108]。現在、纒向日代宮伝承地に該当するような殿舎や中央官衙と目される遺跡の発見がないとはいえ、この大規模集落に何らかの政治・祭祀の都市型機能（邪馬台国等）を見出そうとする動きもあり[109]、三世紀後半には箸墓古墳、四世紀には行燈山古墳ら大型前方後円墳が相次ぎ築成されている。纒向石塚・ホケノ山古墳から箸墓にいたる王権初期の古墳（箸中古墳群）は外郭の纒向遺跡を含めたほぼ三輪山直下の山麓に営まれる。ところが外側に展開する柳本古墳群、さらに北東側の大和古墳群は山麓よりやや距離を措く場所にあり、しかも大和古墳群中の有力古墳、中山大塚や西殿塚古墳は行燈山・渋谷向山両古墳よりも早い築成という。この両古墳は大和・箸中古墳群の、あたかも間隙を埋めるような中核的位置を占めているのは興味深い。大和・柳本古墳群の中間に一本深い谷が入るため、箸墓から中山大塚までを同一の枠内でとらえるのはむずかしい。大和古墳群中の盟主墓西殿塚と箸墓古墳の造営時期にはあまり差違がなく、箸中・大和古墳群よりはやや後発の柳本古墳群中の被葬者層とは三輪祭祀権の継承をめぐり紛糾することがあったかもしれない。さらに推測が許されるならば、対立の結果政権内に分裂が生じ纒向集落群の解体と大王墓の佐紀古墳群への移動を招いたのではなかろうか。佐紀盾列古墳群の東端に山背への出口、奈良坂と接していることからみて、[110] 三輪祭祀権の分裂が四世紀以降、天照大神伊勢遷祀の伝承を含めて、大和政権の東方進出を促す契機となったことが考えられよう。

崇神紀によれば、祭祀権の解体と政教分離を象徴するような伝承が記されている。同六年条に、

是より先に、天照大神・倭大国魂、二の神を、天皇の大殿の内に並祭る。然して其の神の勢を畏りて、共に住みたまふに安からず。故、天照大神を以ては、豊鉏入姫命に託けまつりて、倭の笠縫邑に祭る。仍りて磯堅城の神籬を立つ。

崇神紀にはこの伝承がつくられた理由や背景の説明はないが、垂仁紀二十五年三月条に、天照大神を豊鉏入姫命から離して新たにヤマトヒメに託けるとする伝承と無縁でないとすれば、天照大神伊勢遷祀の伝承とつながりがないとはいえない。古事記に崇神紀にみえる「政教分離」の伝承はないが、本来やはり天照大神伊勢遷祀と一連の記事とみるのが正しいと思われる。

政教分離や天照大神遷祀の伝承をそのまま史実とすることはできないが、大和政権の成立基盤を考えれば、西の摂津（難波）と播磨の一部と同様、伊勢は重要な前進拠点であった。播磨は隣国吉備の勢力に束縛、影響される点、難波への関門速吸門（明石海峡）を押えた地理的要地としての淡路嶋に、早くから大和政権の進出がみられた。

二〇〇九年一月二十三日朝刊の新聞報道によれば、兵庫県淡路市黒谷の垣内（かいと）遺跡で、近畿圏では初めての大規模な鉄器工房跡（弥生時代後期、二・三世紀）が見つかり、邪馬台国畿内説を補強するものとして注目された。三世紀韓半島の弁辰鉄山（「魏志」東夷伝弁辰条）で採取され精錬された鉄鋌（鉄材）が国際的に通貨と同等の対価として流通し、日本にも導入された。弥生時代後期の鉄器生産は、鍛冶炉を伴いながら北九州から東部瀬戸内へと浸透するが、淡路嶋に鉄鏃・刀子等の工房が設けられていたとすれば、吉備中心の東部瀬戸内との対決を意識する戦略的拠点としてきわめて重視されたことが考えられよう。

その意味で注目されるのは、記紀の創造神であり淡路国一宮として尊崇されるイザナギ（伊奘諾尊）神が一説に淡路州に幽宮を構え長く隠棲したとする伝承（神代紀上神生み条一書第十一）がある点である。諸国の伊奘諾武の男神であるイザナギは、天照大神（女神）と東西に対置される神として、少なくとも記紀成立の段階では意識されていたとみられるのである。

四国東端の阿波には創成期の古墳が密集した状態で多数みつかっており、最近発掘の萩原墳墓群二号墓（徳島県鳴門市＝二世紀末—三世紀初）で、竪穴式木槨石積み構造の墓室が出現し、一部には同じ構造の墓室が奈良県纒向遺跡周辺からも出土していて、淡路嶋は大和政権の軍事的楯であると同時に、瀬戸内をつなぐ産業・交通の生命線であったとみてよかろう。この点からしても、オホゲツヒメ型神話のルーツは四国山地の焼畑耕作民（神代記国生み条――「粟国は、大宜郡比売と謂ひ」とある）にあり、かれら山民との交易と生業の実態を反映したものと考えられる。

2　大和政権の境界観と吾妻・蝦夷の国

伊勢はアツマ（吾妻＝東国）と直接向き合う尾張・美濃の後背地にあたり文化的に後進性を残す、淡路と同様に対立する異域との緩衝帯の役割を果たした。アツマとも呼ばれた辺境で縄文文化の残肴と同居する環境にあったが、とりあえず先駆的な遠賀川式土器文化の集団による東海系水稲耕作の影響を受けたことは、尾張・美濃の条件と大差なさそうである。一九九七年七月、一志郡美作村下之川の富田遺跡で、弥生前期（紀元前二世紀）の遺構から遠賀川式土器が出土した[11]。旧下之川村は雲出川の源流に近く海岸部から二五キロも離れた山間部にあり、この土器が海岸部以外からもみつかったことはきわめて珍しく、水稲の伝播が面的規模で進められたことを裏づける発見といえる。関係があるかどうかはともかく、雲出川流域の新家（現嬉野町新屋庄カ）には物部神社があり、伊勢最古の新家屯倉を開拓した物部系新家連の本貫地と目されている。伊勢神祠の創祀と豊穣の祭りの起源や由来を考えさせるものでもある。さきの纒向遺跡への搬入土器群のうち外来系土器は約一五％を占めるが、割合は東海系土器（尾張中心）が圧倒的に多く、初現期古墳の特殊器台で知られる吉備系土器は案外に少ないという。[112] 王権成立以来の東方への関心と依存度の高さを物語るといえそうである。令制国成立以前の行政単位は国評（郡）制であったが、内実は明確ではない。しかし、行政組織としてのクニ（国・軍尼）は区画・境域は判然としないものの、相当以前から限定的機能は保持したらしい。『隋書』倭国伝に、「軍尼一百二十人あり。なお中国の牧宰のごとし。八十戸に一伊尼翼を置く。今の里長の如きなり。十伊尼翼は一軍尼に属す」とあるが、軍尼（＝国）を人数で呼称することから、中央の行政官のようではなく地方首長のこと、すなわち『宋書』倭国伝に「上る所の二十三人を軍郡に除す」と記すように、のちの国造（＝御奴）と同じく服属首長の任命制がとられたのであろう。七世紀前半の段階では地理上の行政区画の概念は稀薄であったが、政治・軍事的に縦割りの指揮系統がみられたと考えてよい。伊勢を中心とする境界観念はどうか。イセの古名がイソ（磯）らしいことは、垂仁紀二十五年、五十鈴の川上に斎宮を立て、これを「磯宮」と称したことに表れている。おそらくはヤマト東方の海辺を漠然とイセ（イソ）と呼称したのであろう。国生み神話以来の淡路嶋に寄せる執着（「先づ淡路州を以て胞とす」神代紀上本文）の強さから判断しても、淡路嶋までを西側の、一方の直接の海辺の伊勢・志摩までを東側の「ヤマト」の範囲と考えて、一体に把握する境界観が相当古くから醸成されてきたとみて誤まりはあるまい。西方の淡路・播磨（「大吉備津日子命……針間ノ氷河之前於、忌瓮を据ゑ而、針間を道口ト為て吉備国を言向け和しき」孝霊記）に対して、東方は隣接尾張までをヤマトの境界と考え、その東方を東国に見立てる東歌の定義（『万葉集』巻十四所収。遠江・信濃以東の歌をいう）、また近江国の逢坂山より以東の地（『万葉集』巻二―一九九、柿本人麿の「高市皇子尊の城上の殯宮の時」の作歌、「鶏が鳴く　吾妻の国の　御軍士を〈美濃国の軍勢〉」。『古今和歌集』巻二十、東哥に「伊勢うた」（一〇九九）を含む）は広義に解釈する例だが、一方で『常陸国風土記』には、「古は、相模の国足柄の岳坂より東の諸の県は、惣べて我姫の国と称ひき」（記紀もほぼ同じ。景行条の日本武尊参照）とあって、ヤマトタケルの「吾嬬はや」の語の由来となる碓日坂（上野国―紀）・足柄坂（相模国―記）より以東とする概念は相互に共通するといえよう。だが記紀や常陸国風土記の「坂東」以東の、すなわち狭義のアツマが古い伝統的な境界観念であったとはかならずしもいい難い。実体はむしろその逆であろう。大和政権の東方進出によって、常陸国風土記に「難波長柄豊前宮臨軒天皇（孝徳）の代、高向臣らを遣わして坂より東の国を物領させた」と記し、その際に我姫の道（東海道）が分かれて八国となったとしているように、行政上は大化以降、令制の関東八国が大和政権の統治下に入ったといえよう。その点で、陸奥・出羽の蝦夷と境を接する下野・常陸の地は急速に軍事的緊張が高まる。アツマは蝦夷国と大和政権が直接境域を接するにいたって生れた比較的新しい概念を反映していると思われる。その意味では尾張・美濃以東をアツマとする、言語・風俗・社会慣習・宗教を基盤とする境界観がより古く伝統的な意識に根ざすと判断できよう。尾張・美濃までをヤマトの境界と考え、その東方をアツマ・エミシ（蝦夷・東夷＝アツマエビス）として区分する意識が弥生期以降、古墳時代を通じて持続されたと思われる。崇峻紀二年七月壬辰条に、

近江臣満を東山道に遣して、蝦夷の国の境を観しむ。宍人臣鴈を東海道の使に遣して、東の方ぬ海に

濱へる諸国の境を観しむ。阿倍臣を北陸道の使に遣して、越等の諸国の境を観しむ。

「諸国の境」とはどのような意味なのか、これはのちの令制的な行政区画を定めることではあるまい。それよりも崇神記紀の四道将軍のような軍事行動に近く、蝦夷国の境の語に現れているように、地方辺境の治安・民情・服属度を探る威力偵察のようなものと考えられる。しかし一方で、従来中部以東の東国や北陸の越等については、明確な反乱の意志を持たないかぎり、調や贄の貢納の義務に止めてきた施政方針を転換し、のちの推古朝中心に設置される後期型屯倉を敷衍し、従来からの国造を再編して大化以降の国評（郡）制への移行を準備したものととらえることもできる。服属の意識や程度を確認することに境界観察の意義があったのかもしれない。景行記紀等に、熊襲・蝦夷が反逆し辺境を侵犯する記事が頻繁にみられる。これらは記紀編纂以前の境界観念の反映といえよう。だが敵対といえば何も戦闘行為にかぎったものではない。現実の考古学上の知見によっても縄文・弥生人が時代の枠を越えて共生できる農業経営のありかたが想定できそうである。

照葉樹林文化論によれば、既存の伝統的な雑穀栽培・焼畑耕作の文化複合体に、新出の稲作文化との競合が考えられているが、稲作文化が普及するには、稲作をめぐる技術と宗教の全体系がセットになり、各地の社会で受容される必要があった[113]。現実の祭祀・信仰としては衢神・塞神が調整役となり、神話的には高天原と葦原中国の支配に関連し天照大神・スサノヲとの闘争であったとみる。まず衢神・塞神の意義について、天孫降臨神話における猿田彦神の登場から検討することにしたい。

3　天孫降臨とサルタヒコの神話
——伊勢における平地民（稲作）と山地民（焼畑）の農耕——

記紀天孫降臨条の猿田彦神と天宇受売（記、天鈿女—紀一書第一）命の対決は、古事記によれば、天照大神と高木神がつぎのように下命することから始まる。

汝者、手弱女人に有れ雖、伊牟迦布神（サルタヒコ）与面勝神なり。専汝往きて問は将者、『吾が御子天降り為る道を、誰ソ如此而居るトとへ』トノらす。

サルタヒコについては、天孫降臨の先導者の報告によれば、

天八達之衢（あまのやちまた）神居り、其の鼻の長さ七咫、背の長さ七尺余り。当に七尋と云ふべし。且口尻明り耀れり。眼は八咫鏡の如くして絶然赤酸醬（あかかがち）に似れり（天孫降臨条一書第一）。

とあって、威勢を顕示し敵対する神として出現している。別に、「衢神」とも記し、形式上は皇孫の行路を阻もうとすることにあった。だが、実際は服従の態度を取ることになるので、スサノヲのようなあからさまの反抗姿勢を取ることはない。古事記の「い向う神と面勝つ神」の語に現れているように、衢神は元来調整役であって、相互に異質な文化が同居する場合の優劣を推し量ったにすぎない。民間伝承による山の神と田の神は密接なつながりを持ち、ともに生産・収穫に関係する神である。猿田彦神のサルタの名義に関しては諸説があり、たとえば猿田彦神を佐太大神（大年神の、大土御祖神の別名をいう）と同一にみ

なし、サルタをサタヒコの転とする平田篤胤（『古史伝』二十七之巻[114]）の説、サルタは琉球語のサダル（先導者）の音便転呼とする伊波普猷の説[115]が知られるが、少なくとも記紀猿田彦神のサルタと天宇受売命を祖とする猿女君の「サルメ」は一対で切り離しえない名称といえる。したがって猿田彦神が天宇受売命や猿女君と結びついた段階では、相互のサルの名義を異質な次元で解するのはいかにも不自然であり、同時点では、サルはやはり「猿」であって、松前健が指摘するように[116]、文字どおり猿形の岐神（衢神）で神話学の立場でいえば太陽神的特性を備え、それ以外にも水神の性格をもつ神であったとみるのが妥当と思われる。しかし元来、日神で農業神の天照大神と伊勢神祠の関係を考えるとき、サルタヒコがまた独立した性格や機能を保持した蓋然性も十分にありえよう。

山の神でもあるサルタヒコは田とどのように関係しているのか、サルタヒコの名義を考察するに先立ち、田の神と田の神祭りの実相を展望することにしたい。田の神はふつう春に山から田に下り、秋にはまた山に帰るという言い伝えは、日本の各地隅々までの通説[117]とされているが、倉田一郎は全体として農祭には田の神送りの相対する祭祀があり、その祭祀の中間に田植を中心とする大きな初田植、すなわちサオリと田植終りのサノボリがあると述べた上で、

> このサヲリは田植終りのサノボリの対語であって、サノボリはこれをサオブリともいっているが、サオリのオリに対するノボリという語をふくむもので、今日では少なくともサとよぶ農神が田植の前後に天から昇降するとの信仰にもとづく語であることは、ほぼ民俗学上の常識と化したのである[118]。

とする。さらに倉田は、田の神(サの神と呼称)の降るべき依代が何であるか、その解明が根本の問題だと説く。苗代から三把の苗(早稲)を取って来て供える風習は全国であるが、この苗を供える場所は区々で、田の水口や畔のほか、家内の神棚・床の間・竈または庭などの例もある。依代がこの苗であるのはたしかだが、サの神そのものが果たして本来田の神と同じだったかどうか疑問に感じられるともいう[119]。中国・四国地方の田の神(サンバイ)についても、天父は天竺神とか日神等、母は蛇体の水神とする言質も聞かれる。

山神にもいろいろとあって、サルタヒコの名称に近似する男神のサッピコや子ども好きの女神オサトサマなどがある。サッピコ祭りは旧暦十一月に行われ、季節風が吹き荒れるとき、サッピコ荒れという。山の神の火祭には男児中心に臨時の仮小屋に忌みこもる、その小屋に火をつけて焼く、地方によってはサッピコ焼きと呼ぶ祭儀の風習があるが、この火祭は神送りであると同時に太陽を呼び込む祈願でもあるという[120]。サッピコはおそらく奥山の山神で、オサトサマは村々の人里に近い里山の神であろう。豊穣をもたらす産土神の印象が濃い山の神に親しみを込めてオサトサマと呼んだのではなかろうか。

一方、サの神の由来については、多くの地域で初田植(サビラキ)の際、田の水口辺に一定の区画を設け、苗三把のほか木の枝三本を幣として捧げる風習があり、渡辺昭五はなぜ三本の枝にこだわる慣習があるのか、この三の数がサの神の実相を解明する鍵となりうると説く[121]。サビラキにあたり神の依代となる苗を植える水口の小区画、すなわち神田(斎庭)の形状は三角形(三角田)であることが多い[122]。また同様に谷から水を引く緩傾斜地の初田植では、川の最上流の谷に近い田に神おろしを行う地域、「神の田」と称せられる田は、緩傾斜地の田圃の最上段の「月形の田」であること、あるいはミスミ田、ミスマ田の名が残り、また山田から植え始める慣習など、これらに共通する点は、最初の水を取り入れる田という点に注目すべきであると指摘する[123]。渡辺によれば、多くを自然灌漑に依存しなければならなかった往古の日本農業では、なかば宿命的な条件であったという。泉田（あわら）や浮島など湿地帯の端部を利用するほかは、川の流す土砂の堆積するわずかの三角デルタが形成され、田地のもっとも上流にある三角の田から稲の栽培が始まる。日本に多い緩傾斜地は灌漑ばかりではなく排水にも便があった。溜池の開発はやはり緩傾斜地の自然灌漑農法からは遅れたとみる[124]。これらの神聖なサビラキ田は、まさに「サの神の田」を表象する。

記紀のサルタヒコの名義をめぐっては、先行説の一つに大野晋の見解があり有力視されている。見解によれば、サは神稲の意。ルは助詞のルにあたり、タは田で、サルタは稲の田であるとする[125]。渡辺はサルタヒコが「伊勢の狭長田の五十鈴の川上に到るべし（神代紀下天孫降臨条、第一の一書）」と天鈿女命に伝えた、そのサルタに着目し、狭長田とは谷の最奥の緩傾斜地につくられた自然灌漑地で、山神の使（神霊自身とも）である「猿」によって開かれた田地、すなわち「猿田」を意味しているとみる[126]。それはサの神の田が容易に「猿の田」と結びつくことを示しており、猿田を擬人化したものがサルタヒコであろう。だがこのような自然灌漑の田がすべて稲栽培地であったかといえばかなり疑わしく、本来、平坦地の水稲栽培を基調としていたことから判断しても、自然環境が相当に劣悪な山地民の農耕にただちに取り入れられたとは考えにくい。たとえば、サの神の象徴といえるサルタヒコは水引きの役目を、また天宇受売命が『古事記』神代条に、天岩戸隠れの際、天照大御神を招き出すため、「神憑為而、胸乳を掛き出で、裳ノ緒番登於忍垂れつ」とあるような性的呪術（模倣的芸能）を、また神代紀下天孫降臨条第一の一書に、山神で岐の神サルタヒコの面前で同様の所作を試みていることは、女装のオナリが出て田主と道化役と性的演技を行う田遊び[127]と踊りなどの民俗行事に投影されているように、天神（太陽神）や山神を招き入れる田の神の側面と役割を、相互に分担したと考える。しかし奥山に住むサルタヒコは射向う神として、また天宇受売命も産霊神のオサトサマのように、里山の神として同じ山神の性格を共有しつつも面勝つ神を称し対峙しなければならなかった背景に、伊勢への稲作文化の浸透のなかで、ついに焼畑雑穀栽培の文化が乗りこえられなかった障害を看取せざるをえないのである。

サルタヒコの本居がどこか特定の場所を決めるのは適当ではないが、一応伊勢の在地の神であることはまちがいがないので、この神の足跡を追うことで、性格の一端にふれてみたいと思う。古事記にはサルタヒコの終焉の地を思わせる伝承が記されていて、

阿耶訶に坐す時、漁為而、比良夫貝於其ノ手を咋ひ合せ見而、海塩に沈溺れましき。

とある。現在の三重県松阪市大阿坂小阿坂が「阿耶訶」の地に比定されている。ただこの大阿坂・小阿坂の名は、『神鳳抄』[128]に記す「一志郡大阿射賀御厨・小阿射賀御厨、小阿射賀神田」に基づくもので、阿射訶の所在がこれで確認できるわけではない。令制下、一志郡の範囲にかぎってみても、海浜から伊賀国と接する山間部まで横に長い広大な地を占め、先にも述べたが、衢神サルタヒコが天宇受売命の問いかけに、

「吾は伊勢の狭長田の五十鈴の川上に到るべし」と答えた、その宮川の源流の山地が当面の居所とみてよかろう。度会と一志は一見距離があるかにみえるが、座の移転が基本の山の神の性格上、サルタヒコの活動範囲は伊勢南部の山間と考えて支障はなかろう。サルタヒコが海に漁に出て比良夫貝(帆立貝の一種カ)に手を咋われ沈溺する失敗談は、日本の民話に猿が貝に手をはさまれる話（宮城県桃生郡採取）もあり、[129]もともと山神のサルタヒコが漁に不馴であったことが背景にある。こうした伝承は猿聟入り譚で川に落ち流される話も含め、山神の水神への転生を期待する意味の表れと解釈する説もあるが、サルタヒコ沈溺の神話が古事記にのみ伝えられることから、同じ記に天宇受売命がことごとく鰭ノ広物・鰭ノ狭物（大小の諸魚）を追い集めて天つ神の御子に服従を誓わせたとする神話と一対のもので、日神（天宇受売の後背にある）を奉ずる海人（部）[130]とサルタヒコを奉ずる山人（部）の対立が背景にあるのかもしれない。だがこのサルタヒコの神話は一種の神送りの儀礼であって、これは記紀の誓約神話において、天照大神とスサノヲが天安河をはさんで対峙する(記)情況と、サルタヒコの天宇受売に射向う関係がおよそ酷似しており、誓約神話中にスサノヲの行状を天照大神に告げ知らせる天宇受売の役割とも関連して、サルタヒコの神送りは、伊勢国の在地性でいえば、スサノヲのカミヤラヒ・底根国への追放の裏返しともいうべき神話であろう。

4 伊勢における稲作の普及と古墳文化の展開

従来日本文化論を語る際、日本は稲作文化の国（豊葦原瑞穂国）とする思い込みがあって、たとえば「新嘗」のような重要な祭りはすべて稲に結びつけて解釈される傾向があって、そのことへの批判も聞かれる。記紀神話をみるかぎりでは、天照大神は日神でありイネの生育と豊穣をもたらす神であった。しかし天照大神が伊勢神宮と直接関係をもつことになるのは壬申の乱以降であり、天照大神を日神に重ね合せたにしても、初出は用明即位前紀に記すように、六世紀末の段階で、それまでは漠然と伊勢大神・伊勢神祠と呼称されたにすぎないのである。照葉樹林文化論によれば、栽培イネは固有の随伴作物を持たず、ミレットの複合体の一部を構成する雑穀の一種にすぎず、数ある雑穀複合体のうちの多様な用途があり、便利な雑穀として生れた特徴ある作物であるとの考え方に立っている。[131] ただ縄文晩期以降、西日本に稲作が伝播すると、ただちに稲作文化が全土に波及したと解釈しがちだが、それほど単純なものではなかった。イネの栽培に通ずる正確な知識と経験、またたとえ水田が造成されたとしても、経営については栽培技術をはじめ、その脱穀や調整、稲穂や種籾の貯蔵と知識が必要であった。[132] 稲作をめぐる諸要素がセットになって全体系を地方に向けて推進する集団的な労働力が確保されなければならない。その意味で稲作文化の伝播は、拠点というよりは地域の核として拡大・発展したとみるべきであろう。水田耕作は原則平地民がその担い手であったが、一方で山岳・丘陵などの緩斜面・樹林帯でも、気候・地質等の悪条件を克服しつつ、山地民が先行して半栽培（採集・狩猟を含む）、雑穀栽培・焼畑耕作による生産活動を持続していた。

先進的な稲作文化と伝統色の強い焼畑農耕文化にはある種の対立や緊張関係が醸成され、風俗・慣習のほか祭儀についても差違や食い違いがあったことを予想させる。神話・伝説は、直接現実の文化複合体を表象するものではないが、オホゲツヒメ型神話の主神として登場するスサノヲが、雑穀複合体の山地民の意識や信仰を抽象化した人格神とすれば、同じ稲作神話の基盤に立つ天照大神が高天原の盟主として君臨し、反対にスサノヲが抗争に敗れて追放される運命は、伊勢神祠から伊勢神宮に昇華する変遷の過程を示唆しているといわねばならない。また同時に、それは稲作文化が伝統的な焼畑耕作民の文化を退け吸収していく効果を演出したものではなかろうか。

弥生期稲作の伝播と普及には、土器の製作・流通を通じての中央・地方の物的・人的交流があったと考えられているが、古墳時代以降の劇的変化には畿内における前方後円墳の築成と同じく地方での畿内型古墳（前方後円墳中心）の拡大にともなう労働力と物流の移動と集積があったと推測される。そこで伊勢神宮を取り巻く伊勢の古墳文化を検証することにしたい。

三重県の古墳と古墳群は、数は多くないが北部の四日市付近から志摩半島までに点在している。大和政権とのつながりの深さを示す前方後円墳は、前期後半を中心に松阪市付近を南限とする北・中部に集中している。一九九二年現在で判明しているのは六七基で、前方後円墳は七基を占める。北伊勢の鈴鹿川流域には二八基、安濃地域に一四基を数えるが、時期的に古い大型前方後円墳は鈴鹿川左岸の能褒野王塚（伝日本武尊―九〇メートル、3期）だが、最大級は南伊勢の松阪市宝塚一号墳（九五メートル、4期）があげられよう。伊勢最古の前方後円墳が美濃の西濃地域や尾張低地帯と関係の深い員弁に出現し、続く3・4期に旧勢力の影響の少ない鈴鹿川水系や安濃周辺を選んで築成が開始されること、かつ畿内と東国を結んだ交通の要衝に立地することを考えれば、[133]これら前期古墳は、大和政権の東方進出という政略的意図から設置されたことが推察されよう。五世紀以降は円墳・帆立貝式古墳の首長墓が増加し、前方後円墳は減少（6・7期）するが、六世紀に入る（8・9期）と、横穴式石室を備えた比較的小規模の前方後円墳がつくられ、度会地方（宮川水系）の前方後円墳もこの時期のものである。丁塚古墳（推定）・車塚一号墳（同）・野田古墳があり、七世紀以降（10期）でも、他の地域の築成が終末を迎えるにもかかわらず継続されることが注目される。伊勢で唯一の10期後半に築かれた明星七号墳（墳長一五メートル）は小型の前方後円墳。[134]この度会地域で、10期の前方後円墳が残存する理由は、単に辺境という条件だけではなく、志摩半島東部を占める「志摩」とのつながりが想定されている。その点では紀伊半島南端の熊野灘を経由する海上交通路の発展が考えられる。最古の前方後円墳の志島一一号墳（推定、7期）は両袖式の横穴式石室を持ち、前志摩半島でも太平洋側に面した海蝕台地上に立地し、海との因縁が深かったと思われる。10期には中型の三〇メートル級前方後円墳の泊り古墳・鳶が巣古墳がつくられており、度会の明星七号墳と同じTK二〇九型式（大阪府陶邑古窯址群出土須恵器の編年。TKはその高蔵地区の略号。二〇九はその窯跡の番号）にあたる須恵器が出土している。[135]熊野灘といえば、その上陸地は明示されていないが、紀伊半島を迂回する神武東征伝説との関連も無視できない。神武伝説の成立時期については諸説があるが、讖緯説と辛酉革命思想が紀年等に反映されている点を考えれば、少なくとも原型は蘇我氏と配下の東漢直ら渡来人が編纂に加担した七世紀初（推古朝）に成立したとみる説に左袒したい。また神武紀の事代主神を父祖とする神武・綏靖・安寧三代の后妃の系譜が、蘇我稲目中心に用明天皇やその子の聖徳太子と蘇我氏一族の系譜をモデルにしながら馬子が主体となり造作されたもの、とする原島礼二の指摘[136]が興味深く、参照に価しよう。神武の東征が日向出発以来すべて海上を船で航行したことは、六世紀後半から七世紀にかけて蘇我氏繁栄の過程で、たとえば東国や吉備など蘇我氏の地方経営がかなりの程度、海上交通路に依存するところがあったと考えられる。敏達紀十四年七月辛酉朔甲子条に、

蘇我大臣稲目宿禰、勅を奉りて王辰爾を遣して、船の賦を数へ録す。即ち王辰爾を以て船長とす。因りて姓を賜ひて船史とす。今の船連の先なり。

とみえ、稲目が勅によって王辰爾に命じ船賦（税）を数え記録させたとある。実態は明らかでないが、難波津をめぐる入港税・通行税の類であろう。六世紀後半以降、蘇我氏が海上交通の管理にあたり権益を拡大したことは事実と思われる。欽明―敏達紀にかけて稲目・馬子父子が王辰爾と弟の牛（津史祖）を重用し、かつ後述のように、甥の胆津をして備前児島屯倉を開発させた。蘇我氏が瀬戸内から難波にかけての海上路掌握に勉めたといえよう。

伊勢神祠の時代は祭儀が一所不定の仮宮で営まれた。南伊勢の多気・度会の祭神が鎮座するにいたる契機は、蘇我氏庇護のもとに「伊勢神宮」が成立する[137]ことにあったと思われる。

度会周辺に小規模ながら相次いで前方後円墳が築成される背景に、蘇我氏の伊勢進出があったと想像することは理由がないわけではない。六世紀後半は廟堂内の蘇我・物部両氏の権力闘争が熾烈を極めたが、

尾張・伊勢の東方領域においても屯倉開発をめぐる両氏の対立が顕在化しつつあった。詳細は後述するが蘇我氏が物部氏との戦いに勝利したことによって伊勢をめぐる勢力図に大きな変化が生じたことはたしかである。在地首長墓として著名な外宮裏山頂上に築かれた高倉山古墳（円墳―径三二メートル、全長一八・五メートル。横穴式石室を備える）との具体的関連性は不明ながら、蘇我氏の政権下、被葬者が中央政界と結びつくことによって、多気・度会に蘇我氏の影響力が及んだ、いわば象徴的存在といえよう。それは当然、伊勢神宮の勢力伸張とも無関係ではあるまい。

5　伊勢神祠の変遷と神郡の成立

七世紀前後は伊勢でいくつかの注目される古墳が連続的に築成されている。その理由は神宮や斎宮をめぐる特殊な環境づくりにあり、それはのちの神郡の形成につながった可能性が高い。神宮の起源については、垂仁―孝徳朝間に設けられた「神庤」（神宮の行政を司掌。『皇太神宮儀式帳』参照）といわれるが、神宮関係史料（儀式帳、神宮雑例集等）によると、已酉年（大化五年〈六四九〉）に度会評（郡）を立てて神郡とし、遅れて多気を加え二神郡としたのが始まりという。評に合せ大化後に屯倉が設置されたが、これら神郡や屯倉は一般的には大化前代のミヤケを継承したと考えられている。[138]正史による初見は持統紀だが、まず『続日本紀』慶雲元年正月戊申条の記事に着目したい。

伊勢国多気・度会の二郡の少領已上の親には、二等已上の者を連任することを聴（ゆる）す。

とあるように、神郡の語は見当らない。ところが、先の持統六年閏五月丁未条に、

伊勢大神、天皇に奏して曰したまはく、「伊勢国の今年の調役免したまへり。然れども其の二つの神郡より輸すべき、赤引絲参拾伍斤は、来年に、当に其の代を折ぐべし」とまうしたまふ。

と記していて、伊勢神宮が神託と称して調の減免等規定の申請を行った際、「神郡」の名が使われる。これは神宮側の要請の文言にあるもので、しかも養老四年の『日本書紀』編纂以前の続日本紀には基本的に書紀伝承の重複部分に矛盾する点が少なくない。奈良朝初期（慶雲年間）はまだ公式には制度化されていなかったことが予想される。神郡とは伊勢神宮の神威に依存し、一定領域を包括して治外法的な権益を保持しようとするもので、公権力もまたそれを認める政治・経済的な措置を意味し、平安朝以後は皇室・神社の私領、御厨として全国的に普及することになった。

伊勢神宮では大神宮司がこれを管理する。厨は実質が荘園で、なかば強制的な利権の囲い込みであったが、伊勢神宮の場合、神郡の成立に特異性があり、多分に自然発生的な側面が認められる。南伊勢（度会中心）一帯が伊勢神祠の存立を支える政治緩衝帯ということであれば、それに見合う宗教上の安息地の条件、すなわち神々の安住する世界、神話のふるさとを思わせる感覚が醸成されていなければならない。かつて小論で、天照大神の天岩戸隠れの神話に八十万の神が参会し談合する「天高市」や天照大神とスサノヲが和睦し誓約する「天安河」は現実の高市県、飛鳥川を念頭に構想されたものとのべたことがある。

飛鳥（あすか）の語源はヤスカ（安処）であり、東漢氏らアヤ系渡来人の有力居地で知られるように、政治勢力の

緩衝帯として推古朝中心に宥和を基調とする「飛鳥朝廷」を実現させた背景が存在する。同時に飛鳥は神々の世界、神話の故郷であった(139)。伊勢には隣国の尾張連のような突出した有力豪族がなく、前方後円墳が発達する前期、大型円墳や帆立貝式古墳の集中する中期以降は、西ノ野大塚ら一部古墳を除いて全般に数も少なく規模も縮小するので、豪族間の対立・抗争から無秩序な状態に置かれたと想像される。背後の大和政権の利害も絡み、伊勢神祠が調整役を期待される場面がみられたのではなかろうか。伊勢には元来、周辺の他地域には存在しないような信仰や祭祀集団が形成されていた。漁業に依存する海部を中心とした太陽信仰と背後の峻険な山岳に寄居する山民による山ノ神信仰である。

皇太神宮を挟んで両極に対峙する別宮の伊雑宮と瀧原宮はその象徴的存在と解せられる。いずれも天照大神の遥宮であった。『伊勢国風土記』逸文の国名条にも、風土に根ざした日神信仰の痕跡がうかがえる。それによると、天御中主神十二世孫、天日別命(140)が神武東征に随行して紀伊熊野村にいたり、金の鳥の案内で中州に入った。菟田下県に達したとき、天皇の下命に従い伊勢国を征伐し、土地の神伊勢津彦を服従させ国譲りを約束させて国土を平定した。風土記は伊勢津彦国譲りの情景をつぎのように伝える。

> 中夜に及る比、大風四もに起りて波瀾を扇挙げ、光耀きて日の如く、陸も海も共に朗かに、遂に波に乗りて東にゆきき。古語に、神風の伊勢国、常世の浪寄する国と云へるは、蓋しくは此れ、これを謂ふなり。

伊勢津彦なる神は、在地の日（月）神にあたる。伊勢には古来、原初的な日月神の独自の信仰が行われていたのかもしれない。これは伊勢神宮における日月神（天照大神・月読尊）並祀の実相を推測させるもので、次章であらためて考察することにしたい。このほか雄略紀十八年八月条に物部連目に討伐されたと伝える朝日郎についても、実体は不明だが単に地名（朝明）に由来したと解するよりは日神の巫者に類する称号ととらえるほうがより自然ではなかろうか。この説話は物部氏による伊勢の新家屯倉（にひのみのみやけ）開発の由来に関する伝承で、さらに蘇我氏に引き継がれ、度会・多気の神郡成立にいたる経緯を察知するうえで見逃すことができないものといえる。

つぎに伊勢にかかる枕詞に用いる「神風」は、伊勢が神々の世界、あるいは伊勢神宮の権威を象徴する語であるが、これも伊勢・志摩の環境・風土に根ざす特有の現象と考えなければならない。なぜなら、この地は磯部など有数の海人族の活動拠点であり、何よりも伊勢大神（天照大神）は海人族の信奉する神であった。穂落し神としての霊鶴の信仰は伊勢・志摩に濃厚に分布しているが、たとえば、田の神として有名な伊勢の伊奈富神社（鈴鹿郡稲生）の発祥は白鶴が舞い降りて、口ばしにくわえた長大な稲穂（長さ一寸八分の籾種子）を宮の後の山に落したという。[141]志摩の磯部町佐美長神社にも同様の霊鶴信仰があり、民俗学者の堀田吉雄は基本的にニライカナイ、すなわち海の彼方から来訪すると考えている。

また堀田は天照大神は竜蛇形の海神と理解するが、[142]先にも記したとおり、内宮の遥宮である伊雑宮御田植祭りに使用される角柱の先端に着けられた団扇形のサシバには宝船の絵が描かれ、天照大神は海の彼方から船に乗って来訪することが明示されているのである。すでに伊勢大神（天照大神）は南風に乗って訪れるマレビト神であることを述べたが、伊勢は三方が海に囲まれており、天照大神を海神とするよりは海上よりたまたま訪れる太陽神（日神）とみるほうが合理的であろう。こうした点からしても、日神（海神）は在地の信仰対象ではあっても土着の神という概念に固執することは誤まりであることがわかる。

魏志倭人伝や隋書倭国伝には水人（夫）が好んで海中に沈没し魚蛤を捕獲する原始的な漁撈を伝えるのみだが、神武記紀には槁根津彦（椎根津彦）や珍彦が速吸門に出てフネによって釣を行ったとあり、万葉集にも「海人の釣船」、「海人舟」、「海人小舟」など釣船の名が多く目につく。伊勢・志摩は内海ではなく外洋に面しており、海路の順風・逆風、漁での荒天の風浪に気を遣わざるをえない。

神風とは元来海路の出漁の安全を祈願する意が、のちには文字どおり神威を発揚するものに変化する。柿本人麿の「高市皇子尊の城上の殯宮の時」の挽歌一首に、「度会の斎宮ゆ　神風に　い吹き惑はし」とあって、伊勢神宮の吹き出す神風によって敵を攪乱し、壬申の乱を勝利に導く場面の歌詞にも、神風で邪悪な障害物を吹き払う「ハラエ」の、すべてを駆逐する執念が強調されることになる。それはスサノヲの「神遣らひ」や六月十二月晦の大祓にも通ずるものといえよう。その神風が国土の安寧・秩序を回復させる効果を発揮したことは明らかである。スサノヲが高天原から追放されると、神々の世界はふたたび安寧を取り戻す。伊勢神宮の存立の立場でみれば、天照大神が主神として鎮座することによって、はじめてその地位が確立したということができるのである。

Ⅶ　外宮豊受神と日本海域の月神信仰

1　供饌と天照大神・豊受神の関係

天照大神の供饌に従う御饌律神で、外宮鎮座の止由気（豊受）神とはいかなる神であったのか。内宮を主宰する荒木田氏に対し外宮の社務は度会氏（神主）が世襲する。荒木田氏は中臣氏の支流で中央貴族との関連が深いが、度会氏はその地名を負うように度会の在地豪族とみられるものの系流は判然とはしない。先に岡田精司は、本来天照大神に供える御饌を地主神の度会神（＝外宮祭神）が調理し供進することに意味があり、外宮豊受神が丹波から遷祀されたと伝える『止由気宮儀式帳』の説は、『丹後国風土記』逸文の「奈良社縁起」の豊宇賀能売命の穀物神的性格に影響され、二神が習合したものではないかと主張した。(143) だが、この説の成立する前提として、地方の豊宇賀能売の伝説が奈良朝末期以前に中央や伊勢地方にすでに周知されていなければならず、むしろ外宮の豊受神は丹波の豊宇賀能売神そのものと解するのが自然で整合性をもつと考えたい。また豊受神の名は古事記天孫降臨条に随伴の神とみえ、豊受神を度会の在地の神に比定することはできないと思われる。

要するに、豊受神とはもともと日本海域に縁がある御饌津神で、主神月読尊に撃殺された保食神に通じ、月神に供饌し奉仕する神であった。先述のように、内宮の別宮に「月読宮」があって内宮別宮のなかでは異色の存在である。伊勢神祠での月読尊の役割が後退して以降、天照大神の御饌津神に置き換えられたのではなかろうか。豊宇賀能売は女神なので、天照大神と同じ女神であるとすれば、相互に供饌の関係が生れるというのはやや不自然な気がする。豊受の受はウケ（槽）、すなわち穀物を入れる容器で、祭儀の際にこれを伏せて叩き、霊魂に活力を与える働きがある。トヨはウケの修辞で、保食神のウケと同根であろう。

世界神話では、天照大神が月読尊の悪行を咎め叱責したように、月神を邪悪な神とみなす例が少なくない。大林太良は、インドネシアでは異系の文化にともなって太陽崇拝が流伝し、日神の観念が在来の初期農耕文化の母祖神（月神に比定される例が多い）や月神のそれと対立せしめられたり、あるいは同化されたものと考えられている。[144]また松前健の指摘によれば、日月二神を並祀し崇拝する風は東南アジア諸民俗に広くみられ、印度のオーストロアジア系諸族のなかには、至高神がしばしば太陽と月の二重性を有している例があるとする。[145]『三国遺事』紀異巻第一の新羅脱解王条に、延烏郎・細烏女の伝説を載せ、この夫婦は日月の精という。天照大神には大日孁貴（おほひるめむち）・天照大日孁尊・「稚日女尊（わかひるめ）」等とさまざまの別称を有するが、いずれも太陽神であるとの説明があっても天照大神の名義自体はきわめて抽象的なものである。べつに伊勢大神の通称もあることから、伊勢神宮の主神は、一時日月二神の並祀が行われていたのではなかろうか。

内宮の別宮としての「月読尊」の存在は重く、松前健が伊勢と月神の関係は偶然とは思えない(146)とするように、伊勢神宮特有の事情があった。それは豊受神の招請であり、後述のように、伊勢斎王の系譜が遠因の一と考えている。大化前代の斎王の出自は継体直系と蘇我系に大別され、これが伊勢神宮の成立に大きな影響を与えたと思う。

『皇太神宮儀式帳』によれば、月読宮一院には正殿に四区があり、構成をつぎのように記している。

此一を伊弉諾尊と称ふ。次を伊弉冊尊と称ふ。已上奈良朝庭御世に定め祝ふ。次を月読尊と称ふ。御形は馬乗男形にて紫の御衣を着く。金作りの大刀を帯ひ之を佩く。次を荒魂と称ふ。已上内人・物忌を定め供へ奉る。御床四具。御倉一宇。玉垣四重。御門二間。

最初の二区は諾冉二神を祀るものの、奈良朝以降に定め祝うとあるので、本来は月読尊のみであったことがわかる。内宮の月読尊の位置づけは別宮の荒魂を含めた二座（式内）、外宮の所管は度会郡月夜見神社一座（同）で、ともに内外宮の祭儀として行われた。問題は月読尊の御形の記述である。天照大神の御形は鏡であり他神の御形についても剣弓、あるいは石等であって、月読尊のみ「馬乗男形、着紫御衣、金作帯大刀佩之」という詳細な記述がみられるのはきわめて異例である。ちなみに神像彫刻は九世紀以前の作はみつかっていないが(147)、上記の事実を月読尊の神像の存在ととらえるむきがある(148)。だが本来神像の出現は神仏習合、本地垂迹説に由来するもの(149)であり、延暦二十三年は九世紀初頭とはいえ、この段階で伊勢神宮に彫塑の神像が所蔵されていたとはにわかに信じがたいが、あるいは御影像ぐらいは飾られていたかもしれない。なぜならこの月読尊の別院四座が設けられたのは比較的に新しい奈良朝末期であった可能性があるからである。『続日本紀』宝亀三年八月甲寅（六日）、是の日条に、

常に異なる風雨ありて、樹を抜き屋を発つ。これを卜ふるに、伊勢月読神、祟すといへり。是に毎年の九月に、荒祭神（天照大神の荒魂）に准（なぞら）へて馬を奉る。また、荒御玉命・伊佐奈伎命・伊佐奈弥命を官社に入る

とあって、主神の月読神を除く三座が宝亀年間に官社の列に加えられたことがわかる。またこのことによって、毎年九月の祭り、すなわち神嘗祭に、荒祭神と同様に献馬されることになった(150)。主神の月読神は本来どこに祀られていたのか。いずれにせよ、内宮の月読神は本来単独で祀られており、この宝亀三年の記述からすると天照大神の荒祭宮に対比してもかなり冷遇されていた様子がうかがえよう。むしろ以前は月読神の祭祀は外宮の所管で行われていたとみるべきではなかろうか。

月夜見神社については、他に多気郡魚海神社（式内）があり、『神名秘書』(151)所引の「機殿儀式帳」に、月読命の祭祀を伝えるが、この度会・多気二神郡以外には月読神の社祠が存した証拠はみあたらない。その点で伊勢に月神信仰が盛んであったと断ずることはできず、月神の祭祀は伊勢神宮の成立自体に起因すると解するのが妥当と思われる。神宮になぜ月読（月夜見）命が祀られたのか。理由は外宮豊受神の存在にあると判断しているが、この問題を考える前にまず内外宮の月読命が如何に祀られているか、祭儀の実体から検証したい。内宮の月読命について皇太神宮儀式帳に、九月十八日巳時に、別宮（瀧祭・荒祭宮・

月読宮・瀧原宮・伊雑宮）の宮廻りの神祭があり、同日午時に荒祭宮、十九日巳時に瀧祭行事、また同日に月読宮の祭儀が各自実施される。この祭りは「宮めぐり」と称するもので、一連の神祭とみることができる。

止由気宮（外宮）の例祭では、延喜式では「度会郡月夜見神社」として別個に扱われていながら、この神が外宮祭儀の一環として組み込まれている点に着目したい。儀式帳によれば、六月・九月のいずれも十八日に月夜見神の祭祀が営まれる。「禰宜内人等皆悉く参り集ふ。祝を率ゐ仕へ奉る」とあって、独立の神祭であったことがわかる。しかし具体的な祭祀の内容にはふれていない。なお、内宮の月読宮供奉行事条に但書があり、神御衣絹一匹のほか朝廷の幣帛に馬一匹が供進されるのは先の宝亀三年の際の決定をうけたものである。だがこの神馬については、皇太神宮儀式帳の別宮、「月読宮」条の「御形馬乗男形」の記載を反映したものに相違ない。また金作の大刀を佩くともあるので、記紀神話の月読尊の猛々しい風貌を連想させ、また続日本紀宝亀三年条の伊勢月読神は祟りをする神でもあったので、この乗馬の姿は月読神の本性を知るうえであらためて注意を要する。月神とは何か。信仰を含めて以下に考察を試みることにしたい。

四季のめぐりに呼応する農耕栽培の循環思想は、暦について知らない未開人、古代人が環のごとくめぐってくる一年の回帰を望の月で計っており、消えてはふたたび出てくる月の盈虧（みちかけ）に若返りや復活の意味を結びつけて、月を生命の死と再生の原動力としたり、また乾燥から湿潤を生み出す露（水）の製作者、あるいは農作物の生産者として理解[152]する思考や信仰は汎世界的に分布するものである。

八月十五夜（旧暦）の満月の夜に戸外でさまざまの儀礼を行う慣習が広く知られ[153]、これも東アジア山地の焼畑耕作民に通有の習俗とみる指摘がある[154]。日本でも単なる名月観賞ではなく、稲穂の穂掛け行事や芋名月など秋の収穫祭行事の一部ではないかとする説[155]もあるが、まだ未解決なことが多い。九月十三夜の行事もあるが、名月とはいえ、おそらくは月の盈虧とつながりがあろう。『万葉集』巻三の、「世間は　空しきものと　あらむとも　この照る月は　満ち闕けしたる（四四二）」は、万葉人が月の盈虧を人の運命（生死）に準えたことがわかる。これは万物の生育すべて、農作物の豊凶に通ずる観念といえよう。十五夜の行事、月見において天候や月の昇る位置によってその年の豊穣を占う習俗がみられる[156]のはそのためである。また月には明るい月と暗い月の両極が存することも、善悪の価値観・吉凶の運命観につながる原理となりうる。満月が豊かさを象徴し充足を与えるとすれば、十八夜は月が虧け落ちるときで、秩序が乱れ何かの障害を生むものと意識された。

月神は月の運行が女性の月経の周期性と一致することから女神に擬せられる場合も多いが、月読尊は男神で保食神を撃殺し祟りで異常な風雨を起して樹木を倒し家屋を破壊することで知られるように、犠牲を欲するような荒々しい威力神であった。内外宮のツクヨミの祭儀がいずれも六月・九月の十八・十九日に実施されていることは月読神の負の部分と密接な関連があるのではなかろうか。文化人類学にも造詣の深い横田健一はつぎのように指摘[157]している。

穀物起源神話としては、月神が農業の豊凶に関係するとの神話は多く、習俗も世界的に普及している。それは月が定期的に満ち欠けて、満ちるときには、植物もどんどん生育すると信じられた。満月後は欠けてゆくので、満月以前に播種を行なうという風習が、世界の各地にある。欠けてゆくときには播種しない。月はまた水を支配しつかさどり、月が雨になるとの信仰も世界的に広まっている。また、月は欠けて「月籠り」の暗黒になっても、再び満ちはじめて満月となるという復活の繰り返しを行なうので、月は不死であるとの信仰がある。

月読尊はその荒ぶる性格からみて、むしろ「暗い月」の印象[158]が強く月が虧け始めることを不吉ととらえ、十八・十九夜に盈月の復活を願う招魂の呪儀を行ったのではなかろうか。かかる意識を反映したものに月待の民間行事がある。十七夜講・十九夜講・二十三夜講と呼ばれている。特定の日を定め、講員が集り月の出を待ち月を拝む同信者的講集団をいう。観賞・親睦の意味が強いが、反面精進潔斎を必要としたり、さまざまの禁忌を設けるなど、忌籠りの性格も色濃く残る古い祭りであることをものがたっている[159]との指摘もある。十七夜から二十三夜は満月の後の半弦の月がみられる期間で、月齢を数える暦としての意識と同様、暗夜を忌み不吉とする感覚が根強かったと考えられる。そうした意識が伊勢神宮の月夜見神社の祭儀にも反映されていたことは注目に価しよう。

月神信仰の後退は天照大神が太陽神を象徴する女神として勢力を伸張する背景があったと思われるが、日本海域の環境の厳しい山地耕作民中心の信仰対象であった月神が、稲作文化普及にともない反体制的な荒ぶる神として忌避されるにいたったこととも無縁ではなかったかもしれない。

2　月神と変若水の信仰をめぐって

神祭の幣帛に馬が奉納される例は広範囲に散見し、めずらしいことではない。『延喜式』神祇四時祭条に、予祝の祈年祭の際、伊勢太神宮・度会宮に馬一匹、御歳社に白馬・白猪・白鶏各一を、高御魂・大宮女の二神のほか、甘樫ら山口神十三座、吉野ら水分（みくまり）神四座の計十九社にそれぞれ馬一匹を加え供進する。同神祇臨時祭条に「祈雨神祭八十五座」とみえ、祈雨止雨の両方があるが、とくに丹生川上社、貴布禰社には黒毛馬一匹、止雨の際に白毛馬一匹が供せられるという。これらはいずれも生きた馬を使用するが、皇極紀元年七月戊寅条に「村々の祝部の所教の随に、或いは牛馬を殺して、諸々の神を祭る」と伝え、古く牛馬を屠殺して神に捧げる風習があったことはすでに述べたとおりである。伝説的記述ながら祝部が河伯を祈ったこと、また蘇我大臣蝦夷が仏菩薩と四天王像を飾り、衆僧をして大雲経（仏説大雲輪請雨経カ）を読誦させた、などを総合すると、祈雨の行事にあたることはまちがいあるまい。

生きた馬を捧げる文献上の初見としては、『続日本紀』文武天皇二年四月戊午条に「馬を吉野水分峯神に奉る。雨を祈へればなり」、また同六月丙辰条にも「馬を諸社に奉る。雨を祈へればなり」と続く記載がある。皇極紀に殺牛馬とあるが、祈雨の場合に供進するたしかな幣帛は馬のみといってよい。静岡県浜松市の伊場遺跡出土の馬形木製品[160]のうち三点の馬形には、腹部に「切り込み」が施されており、そのうち一点には切り込み以外の朱ないし丹による波紋が付されているという。上記の例に従えば、少なくとも民間では生きた馬以外に屠殺した馬を祭儀に用いたとみなければならない[161]。奈良朝以降は、当然仏教思想（殺生の禁断）の影響を受けるが、国家的祭祀など、表面上は姿を消すことになるとはいえ、名目は生きた馬の供進であっても、上古以来の屠殺の習俗が一挙に根絶できたとは考えがたい。

さきの水分・山口の神は、稲作灌漑農耕の発達にともなう農業用水の確保に比重が傾いた状況を反映し、丹生川上社や貴布禰社の存在もそうした状況に准じて考えるべきであろう。祈雨止雨の神事（呪術的手法も）については日本独自の風があったとしてよいが、体系化にはやはり中国思想の影響が想定されるべきであろう。なぜ神馬が供えられるかといえば、それは中国五行思想で馬が月精と考えられたことにある。前漢劉徳の『大戴礼』易本命第八十一に「辰馬を主どり、月馬を主どる」、緯書の『春秋考異郵』には「地月精を主どり、馬と為す」とある。中国では月は五行では水にあたるので、月は水の精とされている。『論衡』巻十一、説日篇によると、「天日は火の精なり。月は水の精なり」とあり、『春秋元命苞』にも「大陰水精にして月と為す」ともみえる。また『晋書』の天文志上によれば、「方諸以って水を月に取りて、月を水に取るの道なし。此則ち月精の水を生ずること了まる」と記している[162]。後述のように羿の妻嫦娥が不死の仙薬を盗み取り月中に奔ったという伝説があるが、日本でも月神（月読尊、月夜見命）が変若水（若返りの水）を所持するとする観想が存在した。

月神（月読尊）が伊勢神宮で重要な位置を占める背景に豊受神の存在があると考えている。その豊受神が『止由気宮儀式帳』に伝えられているように、日本海域の丹波国から勧請された点に根本の理由があった。すなわち、豊受神は本来月神に供饌し奉仕するための御饌津神であり、[163]伊勢神祠での月神の役割が後退したことによって、天照大神に仕える関係に置き換えられたとみられるのである。儀式帳につぎの伝承が残されている。雄略朝に天皇の夢占に天照大神が出現し、丹波国比治真奈井に住む止由気大神をわが御饌津神とするよう要請したというもの。要するに、天照大神に本来定められた御饌津神が存在しなかったことになり、天照大神と豊受神（内宮と外宮）の関係がむしろ不安定な情況にあったことを示唆するものである。これまでにも述べたように、伝統文化の基底に稲作があると同時に、雑穀栽培や焼畑耕作等の文化も歴史的に一定の役割を果たしてきたことが現在では認められつつあるといえる。かつてその焼畑で重要であったのが、本州ではほぼ日本海域沿いに走っていて、焼畑農耕地帯特有の民・工具、さらに隣人の田から稲を盗む《跡隠しの雪》型の民話が重複して分布する点に注目が集まっている。[164]この民話は旧暦十一月の大師講にまつわる伝承で知られるが、遠くは山の神、とくに片足神が来臨し巡行する俗信が各地に名残りを止め、後者の方が古態であるとみられている。[165]イネの収穫がえられない山地民特有の生活実体を現わしていて、大林太良はこの話型を「弘法の麦盗み」などとともに、穀物栽培民文化に典型的な神話素の一つと指摘する。[166]豊受神は日本海域の神であり、御饌津神として月神に供饌する関係があったとすれば、水稲耕作につながる異文化の日神（天照大神）と伊勢神祠の祭儀と関係して対立軸を構成した時期があったのではなかろうか。『万葉集』に謡われる月は、「月読壮士」、または「月人壮士」と表記され雄壮な男子に譬えられている。

天に坐す　月読壮士　幣（まひ）は為（せ）む　今夜の長さ　五百夜（いほよ）継ぎこそ　湯原王（六巻　九八五）

大船に　真楫繁貫（まかぢしじぬ）き　海原を　漕（こ）ぎ出（い）て渡る　月人壮士　柿本人麿（十五巻　三六一一）

月が天に坐して月人が船を漕ぐ姿に見立てる歌はほかにも多くあり、月を水の精ととらえる思想の影響とは別に、

熟田津に　船乗りせむと　月待てば　潮もかなひぬ　今は漕ぎ出でな　額田王（一巻　八）

紀の国や　由良の港に風立ちて　月の出潮や　空払ふなり（『玉葉』六八二）

など、潮の干満が月の運行に関係をもつ知識等、海人族の古くからの経験を中心に日本独自の観想が機能したと知られる。中国の月の異称嫦娥は女性であり、天照大神・月読尊の神話基盤を同一次元で把握することは適当ではあるまい。

かつて列島内に月神信仰がどの程度伝播していたかたしかめる術がない。しかし神名式中心に足跡を探ると、伊勢神宮周辺を除くと、太平洋側地域にはまったくといってよいほど月神信仰が行われた徴候はない。宮中・朝廷所管の諸神にその名はみあたらない。その点、畿内唯一の例が山城国の月読神社で、大和からみて北方の山城国に月神の社祠が存することはそれなりに注目されねばならない。

山城国に鎮座するのは左の三社である。神名式に、

葛野郡　葛野坐月読神社

綴喜郡　樺井月神社
　同　　月読神社

ただし、樺井月神社は、式の臨時祭条によれば月の字を欠く。また葛野郡月読神社は顕宗紀の壱岐嶋月読神社と無縁ではなく、さらにその関連性を述べたい。

古代山城は日本海域の歴史・文化とつながりが深く、現存の愛宕郡雲上里・雲下里計帳（神亀三年）[167]によれば、出雲臣・出雲部の姓を有する住民が圧倒的に多い。その他佐太忌寸・品遅（ほむち）君など出雲系とみられる氏姓も散見する。また山城は近江に接するので、当然のことながら継体帝大和入りに関係する伝説地が数多みられる点にも注意が向く。継体が一時期、山城の筒城・弟国両宮に滞在したのち大和に入り、磐余玉穂宮にいたったという伝承は著名だが、垂仁紀三十四年三月条に、天皇が山城に行幸し、山背大国不遅（ふち）（之淵―記）の女子、苅幡戸辺との通婚と奇験によって、磐衝別命の出生（三尾君祖）となる所伝もいささか興味深い。この磐衝別命は、『上宮記一云』（釈日本紀所引）によれば「伊久牟尼利比古大王」の子で、継体帝の生母、布利比弥命とつながる系譜が伝えられているからである。山城は継体支持勢力の前進拠点といえる地であった。

月神社・月神信仰が日本海域に縁戚があることは、顕宗紀に記載する月神につながる壱岐嶋壱岐郡月読神社のほか、『日本三代実録』貞観七年十月丁巳条に、出雲国女月神に従五位下の神階を授けたとあり、神名式意宇郡売豆紀神社にあたることでも知られ、これは月の女神であり、記紀の月読尊（月夜見命）とは異質の神として信仰の多様性をうかがうことができる。また松前健によれば、『出雲国風土記』嶋根郡条の都久豆美命（月津見命）も月神に比定するが[168]、イザナギノ命の御子と伝えるので、その可能性は考えられる。少し距離を措くが、出羽国飽海郡の月山（つきやま）神社（式内）は、月が山岳信仰と結びついたものか。いま一つ逸することができないものに、丹波国桑田郡小川月神社がある。この月神社が存する桑田郡は葛野と隣接し、北は丹後国加佐郡に出て宮津湾に達する。そのまま北進すれば丹後半島先端の與謝・竹野郡にいたり、外宮豊受神の本居であったとされる比治真奈井[169]がある。

岡田精司は、豊受神が丹後国風土記の竹野郡奈具社の祭神豊宇賀能売命の名と類似する点を指摘するが、私見はむしろ比治真奈井に注目したい。

3　天女伝説と比治真奈井
――丹後国風土記の世界――

風土記は「此の井に天女八人降り来て水浴しき」と記すが、たまたま様子を目撃した老夫婦がひそかに天女一人の衣裳を盗み取り、天上に帰ることのできなくなった天女をわが娘とした説話を伝えている。天人女房・天人娘型の羽衣伝説である。また近隣の近江国伊香郡與胡郷の伊香小江に天女八人が白鳥と化して飛来し、江南の津に入浴したが、伊香刀美なる男子が、犬を放って天羽衣を盗ませ、ついに夫婦となる同様の説話を、『帝皇編年記』養老七年条に載せ、この種伝承ではもっとも古態を止めているという。天女（羽衣）伝説は汎世界的に分布し、中国（捜神記・玄中記）・朝鮮をはじめ、日本でも本州・四国・九州・北海道・南西諸島に種々の形式の昔話となって広がりをみせる。なかでもとくに注目されているのが難題型で、羽衣を得て天に帰った天女等からいくつかの難題を課せられるが、妻の助力で解決し幸福となる。[170]これら難題は山地焼畑民の生業である焼畑耕作に関するものが多い。[171]天女伝説に関する昔話は、関敬吾の『昔話の歴史』[172]に集成と分類があるので参照されたい。だが小論の関心は、日本海域分布の天女（羽衣）伝説に、天から舞い降りた天女（神仙・鳥型を含む）が泉井・湖沼で水浴するというモチーフが使われている点である。天女の水浴は不老不死の信仰、若返りに通ずるものがあるからである。『丹後国風土記』の記述に従えば、「比治山の頂に井あり。其の名を真奈井と云ふ。今は既に沼となれり」とあって、この真奈井は本来神仙が沐浴する霊泉と信じられていたのであろう。この真奈井の伝説は出雲にもあった。神名式意宇郡条には「真奈井神社」の名があり。興味深いのは、同じ意宇郡に「売豆紀（女月）神社」が存在する点である。おそらく月神が遣わした天女が神泉の真奈井で沐浴する伝説があったのであろう。出雲と後背の隠岐には御井・水・水祖の名を冠する社祠が集中し、あるいは月待ちを思わせる民間行事（日月祭）も存在した。[173]かつて日本海域には天女伝説と月神信仰が広く普及し、出雲（隠岐）や若狭・丹波はその中核であったといえる。因幡国八上郡にも「売沼神社（式内）」があった。

前にふれたように、中国では射術の名手羿が神仙西王母から授けられた仙薬を、妻の嫦娥が盗んで月中に逃亡したとする説（『淮南子』巻六、覧冥訓、張衡『霊憲序』等）が伝えられているが、一般に天女（羽衣）伝説では、天女が実際どこから来たのか明らかではなく、帰るべき天についても具体的な記述はほとんどみられない。羽衣伝説と同類ともいえる『竹取物語』(174)の主人公、かぐや姫が唯一、自らは異族の出身で、八月十五夜に迎えの者と飛車に乗り月の都に帰ると宣言するのは、本来的には天女（羽衣）伝説と月世界がまったく無縁ではなかったことを示すものである。

使者の持参した箱のなかに、天の羽衣と不死の仙薬が入っていたとする記事があるのは見逃すべきではない。豊受神は比治真奈井に住む神（儀式帳）と伝え、一方の奈具社に祀られる神は豊宇賀能売であることから、前身は真奈井に沐浴する天女にほかならない。

わが国の「月と不死」の観想は仙薬ではなく若返りの水（変若水）と結びつく点に特徴があった。稲作文化の基底には暑熱をもたらす太陽への信仰があるが、他方で水の豊溢につながる祭祀もまた不可欠の要素であり、かつては月への祭祀と信仰がその一翼を担ったとみてまちがいあるまい。

そこには『万葉集』の「変若水（をちみず）」にみられる歌謡に秘められた復活・若返り、永遠の生命に対する日本人の深い憧憬がうかがえよう。

折口信夫・石田英一郎らの解釈(175)の原点である『万葉集』巻十三（三二四五）の歌謡には、

天橋文　長雲鴨　高山文　高雲鴨　月夜見乃　持有越水　伊取来而　公奉而　越得之牟物

（釈文）

天橋も　長くもがも　高山も　高くもがも　月読の　持てる変若水　い取り来て　君に奉りて　変若

得しむもの
歌詞は難解ながら、現在荒木田久老・鹿持雅澄の訓解[176]によって、越を変若と読み、今日では一種の若返りの水と解するのが定説となっている。中国の不死の仙薬と同様に、万葉人もまた月に命の水があると信じたことを知りうるが、他にこの種歌謡や伝承がみあたらないことからすると、月読尊の神話が全般に影が薄いことからも、奈良朝前後には月神信仰は、もはや退化しつつあったのであろう。古代の文献には月・月神の信仰・祭祀に結びつく伝承は多くはないが、民間伝承や思考の面ではかならずしもそうとばかりはいえない。

月の表面の陰翳が水桶を天秤棒で担いだ人間の姿とする俗信は西南諸島の宮古島の民話にあり、その他世界各地に分布している。その宮古島では、月神が人に変若水を浴せて生き返らせようと使者が運んだ水桶を、誤って大蛇が浴びてしまったため、脱皮によって生まれ替り、人は反対に死水のほうを浴びることになり死の運命が与えられてしまったという[177]。このほかたとえば、メラネシアのニューブリテン島にも、月との関係は明示されないが同様の話がある。神が人に不死を、蛇に死を与えようとするが、使者が誤って人に死を伝え蛇に不死の秘法（脱皮）を授けたので、以後は人が死に、蛇は毎年脱皮して不死になったという話である[178]。丹後風土記にいう比治真奈井での天女の沐浴は、まさに月神の啓示による再生の神事にほかならない。丹後半島の真奈井や近江の余呉湖など日本海域における天女伝説の一大中心地と目され、しかも丹後半島から近畿にいたる丹波・山城一帯にいくつか月読神社が点在することは単なる偶然とは思われない。月読神社の存する山城葛野に韓半島系の天照御魂神社も鎮座する。この丹波・山城を経て畿内の中枢に達する道は、渡来人と渡来系文化の伝播する重要ルートであって、このことは顕宗紀の月読命・阿麻氏留（天照）神の伝承に端（はし）なくも表れているようである。

顕宗紀二年二月丁巳朔条には、阿閉臣事代が任那に遣わされ、その際月神が人に著り、「我が祖の高皇産霊が預め天地を鋳造したという功労を認め、民地を割いてその地を奉納せよ」と命じる。帰国後にその由を天皇に奏上したところ、歌荒樔田（山城国葛野郡）を貢納し、壱岐県主祖の押見宿禰を神祠に奉仕させた、とある。この記事には月神の鎮座地を記してはいないが、壱岐県主が仕えたことがみえるので、延喜式の壱岐島壱岐郡月読神社の祭神に比定することができよう。旧事紀にも「月読命、壱岐県主等祖」と記す。ところが、同四月丙辰朔庚申条に、日神が人に著り事代に「磐余田を我が高皇産霊に献ぜよ」と要請したので、神意のままに神田十四町を貢上した。神祠には対馬下県連をあて奉仕させたという。双方共通の高皇産霊を祖としているので、日月一対の神、相互に関連の信仰があるとみなければならない。式内社下県郡十三座のうちに阿麻氏留神社が存し、同じ山城国葛野郡二十座の冒頭に、月読神社と木嶋坐天照御魂神社が置かれ、また大和国城上郡にも「他田坐天照御魂神社」を載せるが、これらの神をただちに天照大神と同一視はできないであろう。とくに葛野の天照御魂神社は旁訓にアマテルミムスビとするので、対馬の「阿麻氏留神社」を重ね合せると、むしろ別系統の日神の称と解するほうがよいと思われる。

葛野郡葛野郷、すなわち太秦は秦氏の本貫地に擬せられることもあり、日月一体の神と信仰は渡来系移民が将来したといえるかもしれない。日月神の所在が対馬・壱岐で、日朝交流の中継点にあたることは、この伝承の意義と方向性が看取されよう。

上記の考察からすれば、外宮豊受神は元来、月神の御饌津神であったものが、内宮天照大神の供饌に従事することになった。思うに、アマテラスとスサノヲを客神（記紀神話の構成から借用した表現）とするオホゲツヒメ型穀霊神の祭祀体系からアマテラス・ツクヨミを主神とするウケモチ型穀霊神の体系に方向転換するなかで、月神信仰の退潮を背景に供饌の形式のみを残した豊受神の登場によって天照大神を単独の主神とする新たな祭祀体系が確立されたと判断したい。伊勢神祠から伊勢神宮への展開の歴史は、弥生期以来の水稲耕作の伝播のなかで在来の雑穀栽培・焼畑耕作を維持した東国・日本海域系の異文化に対し西南日本・畿内系文化の進出にともなう両者のせめぎあいが、その境界線に位置する伊勢を中心として繰り返されたといえるであろう。次章はやや視点を代えて伊勢神宮成立の画期となる大和政権をめぐる六・七世紀の歴史過程を検証することにしたい。

Ⅷ　用明即位前紀の伊勢神宮・「日神の祀」と蘇我氏の政権

1　継体・欽明朝の政情と蘇我系斎王の登場

六世紀中葉以降、伊勢神宮を取り巻く政治環境のなかでもっとも鮮明で特徴的な現象は、ミヤケ制の展開と蘇我氏の擡頭である。大化前代ミヤケ制の実体はなお十分に把握できていない部分が残るが、大和政権の中枢が地域・地方のミヤケ設置を契機に本格的な農地経営に介入し、直接・間接に在地支配を推進する方向性を確立したのは明らかである。稲祭りと神饌を基調とする伊勢神宮（神祠）の存立がミヤケ制の発展と無関係ではありえず、組織的なミヤケ開発と経営の中核に蘇我氏が存在することの意義はきわめて重要である。

蘇我氏のミヤケ経営との関連については後述することにして、雄略朝以降の王権の推移から検討したい。継体大和入りの背景は何か。継体帝の出自をめぐる記紀の系譜をあてはめると、応神天皇五世孫ということになるが、系譜をそのままに信ずることはできない。そこで『釈日本紀』所引の「上宮記一云」を参照すると、初祖の凡牟都和希（ほむつわけ）（誉都別）には出自の説明がないが、先述のように継体の生母振媛の祖は垂仁紀に記す石衝別皇子の後裔という。この系譜をどのように解釈するかはひとまず措くとして、日本海系の生活圏にあった継体が大和入りしたことによって、大和政権内にさまざまの反動を引き起し、事実上の政権交替を実現させた可能性は否定しえないと思われる。

従来の大和政権の構造とは異質の政治・文化の体制が形成されたことを念頭に、継体朝以後の政権の性格を把握せねばならないであろう。その点で考えれば、豊受神を御饌津神として日本海域の丹波から勧請したという『止由気宮儀式帳』の所伝はあながち虚構とは思われない。継体の后妃と子女は多数にのぼるが、欽明の生母で大后の手白香皇女（郎女―記）を除けば、当然とはいえ尾張連（安閑・宣化の生母、目子媛〈郎女―記〉）、三尾君、茨田連など地方の在地豪族出身者が多数を占めている。ところが継体系譜の異色は、后妃記載順三・四位に坂田大跨王・息長真手王の女子の名を挙げる点である。坂田は允恭后忍坂大中姫の弟、衣通郎姫の居地として知られ、允恭が衣通姫を大和藤原第に迎え入れて通婚する伝承で著名。記紀にはみえないが、あるいは允恭とこの衣通姫の間に生れた子の後裔にあたるか。また真手王の女、麻績（麻組）娘子の生む荳角皇女が伊勢神祠に仕えることから、ともに重要な姻戚関係にあったことは疑いない。真手王の出自をめぐっては、応神記巻末の系譜に意富々杼王の後裔氏として息長坂君があり、その因縁かとも推測されるが、継体記紀にその説明はなく、なぜ王族の扱いを受けたか明瞭ではない。大跨王の関連では、欽明紀十四年三月丁巳朔条に、坂田耳子王（同紀三十二年三月戊申朔壬子条に、坂田耳子郎君ともある）とあるが、継体妃の系譜に関しては旁証を欠き混乱があったらしい。

記紀にみる斎王選任のほぼたしかな事例としては、継体朝の荳角皇女（佐々宜王）が初見であり、伊勢神祠が一時的にせよ、日本海域の政治・文化に影響されたことを示唆する。留意すべきは、雄略紀元年三月是月条の稚足姫皇女（更名、栲幡姫皇女）の出自である。栲幡姫の斎王選任は古事記にみえないので史実性に若干の疑念はあるが、葛城圓大臣の女、韓子媛が生むと伝えるので、それなりに尊重される所伝である。なぜなら斎王には継体直系以外にも蘇我系斎王の例がみられるからである。この問題については後述したい。つぎに雄略朝以前の斎王に、倭媛命（垂仁紀・景行記紀）・五百野皇女（景行紀）、記紀以外の史料、『二所太神宮例文』[179]・『斎宮記』には仲哀朝の伊和志真内親王の名をみるが、ここではあえて関説しない。なお『一代要記』[180]の若干の所伝については考慮すべき点もあり、逐次後節で検討したい。

斎宮史料に共通するといえば、推古朝に退下したと伝える酢香手姫皇女以後、天武朝の大来皇女までの中断が認められている点である。ちなみに『一代要記』舒明天皇条に、「斎宮自此五代中絶。」と記す。書紀の記載にはその経緯に関する説明はないが、他の史料も一致して中断を認めているので、その点は史実とみてまちがいはない。中断の理由については、大化前代の斎王の出自・系統が継体の直系・蘇我系に二分されており、岡田精司が指摘するように、舒明以降天智までの歴代が近江系の伝統と祭儀を採用したこと[181]が背景にあるとも考えられる。あるいは豊受神（外宮）の伊勢遷祀の動機も、その辺にあるのかもしれない。

だがその裏返しとして、蘇我氏が用明朝から推古朝にかけて伊勢神宮への干渉と影響力を拡大させた点が、逆に舒明をして斎王選任に消極的態度を取らせたということも考えられよう。そこで斎王選任が継直系と蘇我系に二分されることになる理由は何か。莵角皇女の例から検討する。息長真手王は敏達先后広姫の父でもあった。この広姫は菟道磯津貝皇女(宇遅王—記)を生む。菟道皇女は敏達紀七年三月戊辰朔壬申条に伊勢神祠に奉仕したとあるが、直後池辺皇子(出自不詳)に犯され解任される。菟道皇女は大化改新の際、葛城(中大兄)皇子が「皇祖大兄の御名入部及びその屯倉」を献上し、国家公民としたい旨を奏上(いわゆる皇太子奏請文)したが、皇祖大兄とは押坂彦人大兄皇子で、その同母妹に当る。彦人大兄皇子は天智・天武系の皇統として、祖とするに足る人物である。母系でいえば、菟道皇女と彦人皇子は息長真手王につながる。舒明が滑谷岡陵に葬られた(皇極紀元年十二月条)際、息長山田公が日嗣の誄を行ったのは、莵角・菟道皇女が関与する時期の伊勢神祠で、大王位継承の何らかの手続きが執行された事実を示すものではなかろうか。

つぎは蘇我系斎王について考察する。先の稚足姫の出身を葛城圓大臣の女とする点も参考すべきだが、確実な例としては欽明紀二年三月条の后妃関係記事に、蘇我稲目の女、堅塩媛の生む磐隈皇女の名がみえる。また次代の斎王酢香手姫は磐隈皇女の兄、用明天皇の妃葛城直磐村の女、広子(葛木当麻倉首、名比里古の女子、伊比古郎女—『上宮聖徳法王帝説』。同比呂の女、飯女之子—記)の所生と伝えるので、同様に蘇我系と判断できる。酢香手姫の選任でもっとも注目されるのが、用明即位前紀の「日神の祀」に奉仕したとする記事で、従来の伊勢神祠と異なり、日神という特別な神を祀る傾向が顕著となる。蘇我系斎王の出現に合せたかのように、伊勢神宮（伊勢大神）の名称が用いられるのは、伊勢神祠が一種の方向転換を迎えつつあったことを物語るといえよう。また酢香手姫の任期が三代にわたって継続する背景に、用明・崇峻・推古三帝がいずれも蘇我氏の出自という事情もあったと推測される。当時の斎王として、仮に当代かぎりの慣習が守られたとすれば、それはかなり不審が残る。その間、蘇我氏の伊勢神祠への干渉が強まっていたともいえるが、反面、「神宮」の名による恒久的施設に斎王が常駐する態勢が整い、祭祀の形式が変化した状況が考えられよう。従来は大王就任儀礼の一環でもあった伊勢神祠の〝稲まつり〟が済めば、原理的に退下し帰京したものが、主神の日神を祀る巫女王的性格が顕著になった結果、神宮とはある程度距離を置いた独立した「斎宮」に滞留する慣習が生れた。このことは王権の確立とその庇護によって、伊勢大神の国家神的な地位が高まる契機ともなったと思われる。だが蘇我系斎王の出現は蘇我氏専横の偶然のみがもたらした結果といえようか。たしかに基本的には蘇我系大王の即位が転機となったかもしれないが、雄略紀の稚足姫（栲幡）皇女の出自が、葛城氏滅亡にかかわる圓大臣の女、韓媛にある点は、伊勢神宮への蘇我氏の影響力を判断するうえで大きな手懸りとなりうる。五世紀中葉の葛城氏滅亡をめぐる内乱は雄略（ワカタケル大王＝倭王武）が大王位に昇り、以後の王統を確立させるものとなった(182)。敗れた葛城系王統の残存勢力は、日神（天照大神）を奉じて東遷し伊勢にその拠点を移した史実を想定することができる。直木孝次郎の最近の研究によれば、天照大神の伊勢遷祀によって伊勢神宮が誕生したと説く(183)。直木説によれば、天照大神を最高神として祭り、四世紀末にそれとは別系統の政権が大阪平野に成立（河内政権）して高皇産霊神（高木神―記）を祀ったことにより、二柱の皇祖神が生まれた。政権基盤の異なる二大勢力が五世紀以後、政権統一と王権強化を進めるなかで、一方の古い最高神の天照大神をそのまま伊勢に遷祀したとする。五世紀中葉から後半にかけての時期を伊勢神宮（神祠）成立のための画期とする説はほかにもある。

とくに岡田精司は、葛城氏滅亡をめぐる内紛以外にも高句麗長寿王の南下と百済王都の失陥にともなう国際関係の緊張を背景に王権守護神としての求心力の強化がはかられたととらえ、雄略（倭王武）治世の四七七年に大王の守護神の祭場を河内・大和地方から移したことを推定した。伊勢は太陽の聖地であり、これをもって伊勢神宮（内宮）の起源と考える。(184) 岡田がその成立を四七七年に特定した一つの根拠として、垂仁紀二十五年三月条の、ヤマトヒメノミコトが天照大神の誨えのままに伊勢の五十鈴川上に神祠（斎宮）を立て磯宮と称した記事に合せて「一本」の所伝を載せ、天照大神を伊勢の渡遇宮に遷祀する年紀を「丁巳の年」としており、この丁巳はじつに四七七年にあたると解釈する点にある。ただしこの一本の説は干支以外に独自性を示す内容はなく、書紀本文とは同工異曲にすぎない。書紀編者があえてこの「一本」を垂仁紀本文に併置した点は干支以外に天照大神の伊勢遷祀をめぐる確たる所伝が存在しなかったからに相違ない。丁巳をどの年次にあてるかは諸説があるが、(185) そのうち客観的に考えてもっとも可能性の高いのはやはり四七七年であろう。五世紀後半、とくに書紀の年紀に従えば、丁巳は雄略治世の二十一年目となる。雄略を倭王武に比定するとすれば、いわゆる武の「上表文」が宋の順帝に献呈される前年で、またその昇明元年は高句麗長寿王の進攻で百済王都の漢城が陥落した年であった。だが表文を解釈すれば、「今に至りて、甲を練り兵を治め、父兄の志を申んと欲す」とある進取の気概とは裏腹に、全般に漂う空疎な閉塞感・挫折感は覆いがたい。しかもこの昇明二年を最後に、その後約一二〇年間にわたって中国との国交は途絶する。雄略朝末年は王権内に政争や混乱が続き、雄略自身も廟堂内で孤立する状況に陥っていたのではなかろうか。こうしたなかで「大悪天皇」の異称で知られる武断な雄略が、対立を鎮静化させる有効な手段が打ち出せたとは思われない。注目されるのは雄略崩後の王位継承問題である。詳細は後述するが、雄略のあとを継ぐべき白髪太子（清寧）が夭折（雄略在位中に没したか）し、書紀の記載では清寧の在位中に、履中の娘とも伝える飯豊青皇女が角刺宮で統治していたかのような謎めいた伝承が残されている。

清寧は太子のままで即位せず、つぎの顕宗は架空の天皇で、その間は飯豊皇女が「女帝」として君臨したという説もある。もし丁巳年で四七七年が動かせないとすると、まだ雄略の在位中ではあるが、あるいは王権はすでに分裂状態にあり、葛城氏系の飯豊女王が二朝併立の状況で大王に推戴されていた可能性も考えられ、「女治」を標榜する「葛城政権」が王権の政争・混乱を静める目的で斎王（女）を伊勢神祠に遣侍させたのではなかろうか。その場合、遷祀の神を日神（太陽神）のような通称で呼ばず、いわば固有名に近い「天照大神」とした点が注目される。この時代に「天照大神」の名が実際に使われたかはかなり疑わしいが、それでもこの神にはオホヒルメムチ、オホヒルメノミコト等の別称があり、この固有名が重要な示唆を与えていると理解する。日神・太陽神の多くが男神とみられるなかで、その女神であるという点が伊勢遷祀の際には必要不可欠の条件であったと判断するからである。斎王（女）伊勢神祠への遺侍はむしろ伊勢の祭祀集団の変革にあったとみているが、この問題についてはのちのヤマトヒメ巡行伝説の検証で考えたい。

斎王（女）の遺侍はなお受身の状態にあって、大和政権が本格的に伊勢の支配や経営に乗り出すのは、蘇我氏が政権を掌握する過程で物部氏との抗争が激化する六世紀後半の時期であり、「伊勢神宮」が国家鎮護の役割を負うにいたるのは、物部氏が滅亡する丁未の役（五八七年）以降と思われる。伊勢神祠、いわば「伊勢大神」の神威高揚はなかば自然発生的な要素があり、その背景としては近畿圏の在地首長層相互の共通認識の構築が欠かせないものであった。初期大和政権は三輪山（三諸岳）の祭祀権に依存し、その神体は蛇であった。その点でいうと、原初の伊勢神祠においても、「虹蛇神」への崇拝に支えられた徴候がある。相互の神祇体系は基本的に矛盾するところがなく、広義にみて三輪祭祀権は、本源の伊勢神祀の出先機関であったともいえるのではなかろうか。

旧稿では奈良盆地東南部（宇陀・忍坂・磐余）を拠点とする宗教・政治結社（三輪王権）が解体した結果、分裂した一方の勢力が宗教的女君を奉じて伊勢に東遷する。伊勢の日神（アマテラスの具現化）の奉斎は祭祀権の分身としての権威に依存したもの、との見解を述べた[186]ことがある。三輪王権から自立した勢力が五世紀の河内政権であるとすれば、斎王（女）遺侍による伊勢神祠への梃入れは本質への回帰を意味することになる。

2　蘇我氏の発展とそのミヤケ経営をめぐって

蘇我氏の出自については謎が多いが、記紀にみるかぎりでは孝元記の建内宿禰後裔系譜にもっとも詳しい。宿禰の子女九人のうち石河宿禰（応神紀三年是歳条）、蘇我満智宿禰（履中紀二年条）、蘇我韓子宿禰（雄略紀九年条ほか）の名をあげ、さらに高麗（公卿補任・尊卑分脈）を経て稲目（高麗の子―公卿補任）につながる。『蘇我・石川両氏系図』(187)も同様。書紀の満智・韓子二人は渡来系を思わせる名称で、とくに満智が応神紀二十五年条に記載する百済貴族木満致（もくまんち）（木羅〈刕〉斤資（もくらこんし））と同一人と目されることから、蘇我氏の祖先を渡来系とする説が敷衍したことがある。(188)しかし出自を渡来系とするには、満智・韓子・高麗の名は類型・作為的であり、もし真に渡来系であるとすれば、その伝統的な系譜を捨てまったく異質な在地型土豪の系列（命名法や姓）に加わり抵抗なく大臣や皇室の外戚の地位に昇りつめるというのは理解しがたいとする批判がある。(189)少なくとも高麗以前と稲目以後の系譜には断絶があり、満智・韓子・高麗の系列を蘇我氏の祖系譜に結びつけるのは史実として認められないとするのが現在の大勢といえる。(190)その意味では、蘇我氏の発展はどうしても稲目以降の政治活動を元に考えざるをえないことになる。稲目・馬子父子二代が繁栄の基礎とみる視点でみると、かれらの名の由来に関心が向く。稲目・馬子が実名でなく蝦夷・入鹿のような蔑称(191)といえないまでも、通称・更名の類であったことは想像がつく。

まず馬子についてみてみよう。推古紀二十年正月辛巳朔丁亥条に、新春の宴に奉る寿歌に答えた天皇の

歌に、

真蘇我よ　蘇我の子らは　馬ならば　日向の駒　太刀ならば　呉（くれ）の真刀（まさひ）　諾（うべ）しかも　蘇我の子らを
大君の　使はすらしき

天皇の歌とするには疑いはあるが、蘇我氏の繁栄を称える比喩的表現であることはまちがいはなかろう。蘇我の子（歌謡のなかでは馬子の意）を称える引きあいに出された「日向の駒」とは、何も馬の放牧地で有名であったのではなく、その場の馬の飼育が蘇我氏の縁につながったからであろう。欽明紀三十一年四月甲甲朔乙酉条に、高麗の使者が越に漂着したとあり、このとき高句麗との国交が開始される最初の契機となったものと考えられる。つぎの敏達朝にいたり、元年五月丙辰条に、鳥羽に書くという高麗の難解な表疏（ふみ）（国書）を王辰爾に読解させたとする象徴的な記事がある。

馬子はこの敏達朝から大臣に就任しているので、おそらく馬子の命名は高句麗との正式な国交樹立にともない蒙古系の大形馬匹を輸入し飼育した縁にちなむのであろう。任那の失陥や百済聖明王戦死にともなう新羅との交戦で知悉した高句麗系騎馬の優位性と機動力に朝廷貴族が衝撃を受けそれが羨望に変ったことは容易に推測できる。日向産の駒に表象される高麗系馬匹の輸入と普及に尽力した馬子の功績が、「馬子」の通称として永く記憶されるにいたったと思われる。ただ馬自体が当初はあまりに稀少であったがために、軍馬や実戦に利用される方向を取らず、祭儀や行事（推古紀の裴世清ら唐客歓迎のための飾騎（かざりうま）など）に用いられるのは皮肉である。

上記所伝からしても稲目の名の由来は推測できそうである。稲目とは稲妻のような鋭い目というほどの意か。稲妻（稲の夫）、稲つるびの語は雷電が交接し稲の穂を孕む稲の生育に関する思考が背景にある。稲目の名は稲の成長または稲穀の経営・管理に基づく職務に由縁するものか。継体朝以降の蘇我氏の動向を探ると、宣化朝が稲目登場の初見であり、大臣就任に続き諸国の稲穀を新設の筑紫那津官家に移し備蓄する朝廷の施策への参加であることから注目すべき記載といわねばならない。稲目については、尾張連を派遣し尾張国のミヤケの穀を運ばせたとある。これは蘇我氏発展の基盤がつくられた欽明朝直前にあたり、その後諸地域に相次いでミヤケが設置されていく。

欽明紀十七年七月条に、備前児島郡にミヤケを開発し葛城山田直瑞子を田令に任命したのをはじめ、同三十年正月辛卯朔詔に、王辰爾の甥胆津に命じ白猪田部の丁籍を検定させた。同四月、詔のごとく丁籍を実施し田戸とした功により胆津に白猪史の姓を賜い田令としたとある。敏達紀三年十月丙辰条に、白猪屯倉と田部と記しているので、さきの児島郡のミヤケは備前に置かれたミヤケの一部であろう。一連の史料は潤色がいちじるしいが、白猪屯倉を児島郡一部地域のミヤケとみて、のちに「吉備五郡」に拡大する諸屯倉を統轄する拠点的性格をもつとの指摘がある。(192) 田部の丁籍を戸籍（田戸）とみて編戸制の源流としたり、ミヤケを管理する官人、「田令」の用語等、批判や検討の余地はあるが、後期型ミヤケの典型とされる白猪屯倉や吉備地方の開発に先駆的役割を果たした稲目の功績は大きく、稲目がミヤケを通じて蘇我氏発展の基礎を築いたことはまず疑いがなかろう。その点で、欽明紀十七年十月

条に、

> 蘇我大臣稲目宿禰等を倭国高市郡に派遣し、韓人大身狭屯倉、高麗人小身狭屯倉を置かしむ。紀国に海部屯倉を置く。

とある記述には若干の疑いもあるが、欽明・敏達朝当時のミヤケ開発の傾向を象徴的に表示するものとして注目したい。後期型ミヤケが蘇我氏の主導で、渡来系の使役を通じ韓半島伝来の先進技術を駆使した実験的な水稲耕作を推進する方向が構築されたと思われる。

蘇我氏がミヤケ開発へのかかわりから、稲まつりや穀霊信仰に積極的に関与し、伊勢神宮（神祠）の日神（天照大神）の祭儀を主宰するにいたったことは当然予測できる。注目されるのは、宣化紀元年条の那津官家に対する稲穀搬送をめぐる記述である。同五月詔に、蘇我大臣稲目宿禰が尾張連を遣して尾張国の屯倉の穀を、また物部大連麁鹿火が新家連を遣して新家屯倉の穀をそれぞれ搬送することを命じられている点である。ほかに阿倍臣・伊賀臣・阿蘇乃君らが搬送に加担しているが、後述のように、新家連は伊勢の在地豪族と考えられるので、蘇我・物部両氏がいかに当時の権臣であるとはいえ、相互に隣接する尾張・伊勢のミヤケ経営に関与したとみられることはきわめて意義のあることとみなければならない。両氏が丁未の役（五八七年）にいたる欽明・敏達朝間の確執に際しても、ミヤケ経営をめぐる対立が予想され、表面上の崇仏論争ばかりではなく、そうした利権の争奪が最終的な戦乱を招いた原因といえるのではなかろうか。

むろん崇仏論争の影響は多大であり、それは単に物部守屋の仏教統制や仏像の毀傷、蘇我馬子の仏教尊崇、寺院の建立などの現象に止まるものではなかった。その影響は宗教界全体、神祇・祭祀の分野にも波及したであろうが、それが思想性や体系化の水準にまで到達していなかったためか、書紀の記載には神祇関係の動静はまったく伝えられていない。しかし呪教的な旧秩序を代表する物部氏の没落は畿内周辺の社祠や祭祀形態に変革や再編の流れを加速させたに相違ない。伊勢においても物部氏系神祇の影響力が排除された結果、伊勢神祠の存在基盤にも改変が進捗し、用明紀に伝えるような「伊勢神宮」、「日神の祀」が実現したと思われる。

伊勢への蘇我氏の浸透と大化後の動向をめぐっては、まず新家連と新家屯倉の検討を通じて明らかにしたい。新家連は、谷川士清の『日本書紀通証』[193]が、河村秀根の河内新家説（『書紀集解』）を斥け、旧事紀・姓氏録を引用して出自を物部氏裔とし、神名式壱志郡物部神社、また度会郡山田原の屯倉督領に新家連をあてたことなどを旁証に、伊勢の在地豪族とした説によって知られている。そこで谷川は、新家連の本貫地について、『豊受皇太神御鎮座本記』[194]の記載に「次山辺行宮御一宿今號壱志郡。新家村是也」とあることから、壱志郡新家村にあたると指摘する。御鎮座本記の成立は鎌倉時代中期とみられているので、少なくともこの前後の時代に壱志郡内に新家村が存したのは事実といえよう。新家連の本居が一志郡にあったとして、宣化紀の伊勢国に新家屯倉一カ所しかなく、しかも同名の新家連が管理しているので、案外ミヤケの所在は広範囲に拡散していたのではなかろうか。この新家連と新家屯倉については後章で詳述することにしたい。

蘇我氏が東国経営に参加する端緒とは尾張への進出であり、尾張連（国造）と結びそれを支配下に置くことにあったと考えている。蘇我氏はどのようにして尾張連と接触することになったのか。継体の次代が安閑・宣化の両天皇で、書紀に尾張連草香の女、目子媛、古事記は尾張連等祖、凡連の妹、目子郎女を母とする同腹の兄弟で、允恭紀に近臣尾張連吾襲の名もみえるが、尾張氏が内廷に接近することになるのは、やはり継体大和入り以降とみるのが妥当と思われる。ところが兄弟相互の依存する基盤は異なっていたらしく、安閑（勾大兄）は大倭勾金橋（やまとのまがりのかなはし）に、弟の宣化（檜前高田（ひのくまのたかだ）―継体・欽明紀）は檜隈廬入野（いほいりの）に宮都を定め、陵墓も前者は古市高屋丘の河内に、後者は身狭桃花鳥（むさのつきの）坂上の大和に営造され、微妙な食い違いを示す。宣化の宮都は蘇我氏の拠点飛鳥に近く欽明の陵墓とも接している。

他方安閑は、河内一帯を基盤とし、和泉中心に勢力を維持してきた大伴連の庇護下にあったらしい。ところが大伴連金村が継体朝の任那四県割譲にともなう失政で責任を問われ、住吉宅に謹慎（欽明紀元年条）したという。

一連の記事がすべて信頼できるか疑いもあるが、欽明朝までの朝廷内に何らかの異変や混乱を予想する向もある。欽明の先后は石姫で宣化后の橘仲皇女の女子とある。

仁賢紀元年三月条によれば、妃の春日大娘（かすがのおほいらつめ）の子とあり、欽明母の手白香皇女と同腹の妹ということになる。ただ古事記には所見がない。宣化記には「意祁（おけ）天皇の御子」とのみ記している。蘇我氏の政権掌握が稲目の大臣就任を契機としたとすれば、蘇我氏は前朝の雄略系皇統と何らかの脈絡があって、橘仲皇女との縁戚関係を利用して政権に近づき、尾張連と関係を深めたのではないかと思われる。

IX　天照大神伊勢遷祀の伝承と「蘇我国」
――多気大神宮成立と関連して――

1　斎王（女）遺侍の開始と伊勢神祠の起源

皇太神宮儀式帳にみえるヤマトヒメ巡行伝説の検討に入るにあたって、話はやや前後するが、書紀伝承を含めてこの伊勢遷祀の伝説がなぜ造られることになったか、伊勢斎王（女）遺侍の起源問題解決のためのおよその指針を提示しておきたい。

日本の伝統的な神祇体系では、たとえば祭祀や神事の根幹について千古不易の基盤や有り方が維持されてきたと考えられがちだが、かならずしもそうとばかりはいいきれない部分があった。時代や環境の変化にともない、いくたの変遷を経てきたとみなければならない。神への供饌、主神とミケツノカミの関係についても変化がみられたと推測される。伊勢神宮においても、古くはハラエと祓柱を立てるイケニエとの一体化した祭儀が行われていた蓋然性がある。一つの観測としては、『止由気宮儀式帳』に記されたつぎの伝承が参考になる。

それは、天照大神が雄略天皇の夢占に現われ、訴えた。「わたしは一所（内宮のこと）にのみ住むことになっているのははなはだ心苦しい。加えて食事も満足に取ることもできない」として、丹波国比治の真奈井に住む止由気大神をぜひわが御饌津神に呼び寄せてほしい、というのである。儀式帳以外にみえない伝承だが、神宮独自の記事だけにかえって信頼できる古伝とみてよいのではなかろうか。要は天照大神が元来御饌津神を持たなかったことになる。この事実をふまえて考えると、ハラエを基軸とする祭祀の場合、その主神が男神か女神かという性別が重要な決め手になりそうである。時代はともかく、神が新たに御饌津神を迎えるということは、従来の神饌の意味とはまったく別の概念が生まれていたことにつながる。ちなみに、記紀神話の兄弟神、ツクヨミとスサノヲは男神だが、天照大神は女神であった。天照大神については、祭る者（斎宮）と祭られる者（太陽神）との混同があるなど、本来は男神であったのではないかとする説が多いが、神話上ツクヨミとスサノヲはともにミケツノカミを斬殺したのに対し、天照大神はかれらとは異質な一年の新穀を聞こし食すことで供饌を受けるので、その立場はまったく相違している。やはり天照大神は女神が相当である。そこで思い浮かぶのは邪馬台国の女王卑弥呼である。魏志によれば、ヒミコの登場以前、倭国は大乱が続き、「相攻伐すること歴年」の状態であった。ヒミコが女王として君臨することで乱は鎮静化したが、その死後はふたたび男王の復活によって争乱が再燃する。ヒミコの宗女壱与が迎えられて混乱はようやく終息に向かったという。この三世紀の「史実」を念頭に置くと、ヤマトヒメによる天照大神伊勢遷祀の伝承は大変示唆的である。この伝説がつくられる背景はふつうヤマト政権の東方進出とか五世紀を中心とする倭国内の争乱など王権の主導による伊勢進出を背景に考えられているが、逆に前（プレ）伊勢神祠の側からみると、在地神の崇拝を対象にハラエとイケニエの祭儀を基調とする旧秩序に代わるアンチテーゼ、すなわち供犠を求める主神の威力神（人格神でいえば男神）とは一線を画する祭儀の構築が図られた結果、ヒミコによる争乱終息と同様の理由で主神に女神を迎え、秩序の維持を女神の裁量に委ねたのであろう。伝説のヤマトヒメを象徴化した斎王（女）の伊勢入りは実質的に「宗教改革」に等しい影響を及ぼしたのではなかろうか。

実際のところ伊勢斎王の遺侍がいつ開始されたかはなかなかむずかしい問題で断言はできないが、可能性としては二つの条件が考えられよう。一つは三輪王権が衰退に向う四世紀から五世紀前半にかけて、今一つは雄略朝前後の五世紀後半の時期である。前者は三輪祭祀権に代わる前（プレ）伊勢神祠が独自性を強めることが予想されるので、私見はむしろ王権内部に生じた紛争が畿内周辺にも波及し、王統断絶など昏迷を深める五世紀後半が適当ではないかと判断している。なぜなら雄略天皇の跡を継ぐ清寧天皇に後嗣がなく、市辺押磐（忍歯）皇子（王）の遺児、弘計（袁祁）・億計（袁祁）（意祁）二王を播磨国で捜しあて皇位につけようとするが、たがいに譲り合いきめられない。そこでやむなく二王の姉、飯豊青皇女が角刺宮に居て「臨朝秉（称）制」（大王の政治を代行する）を行った、清寧記によればもっと端的に、大王位が空白になるので急遽日継を知らす王を天下に尋ね求め（あるいは卜占で問い）飯豊女王を後嗣と定め、「葛城ノ忍海之高木ノ角刺宮」に坐した（君臨した）と伝えている。あるいは古事記のほうが原型に近いといえるかもしれない。日本書紀は「臨朝秉制」とするなどあいまいな記述はあるが、水野祐（『日本古代王朝史論序説』）の考証以来、実際は大王として

〈五世紀大王統と葛城氏略系図〉

＊1　文字G体は歴代天皇、右肩の数字は皇統順。
＊2　圏点（○印）の皇女が、伊勢斎王（女）を表す。

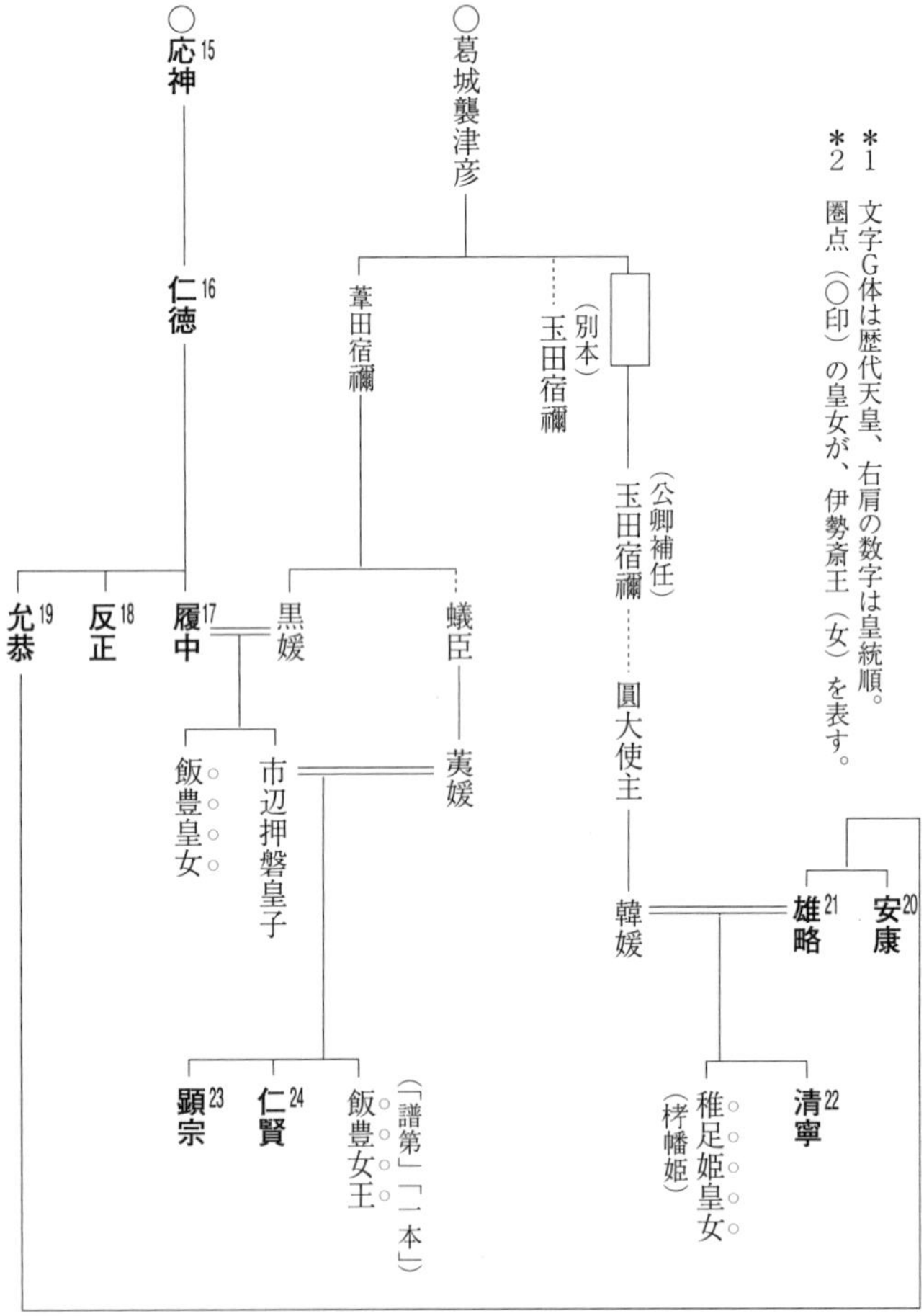

〈六・七世紀大王統と斎王の出自〉

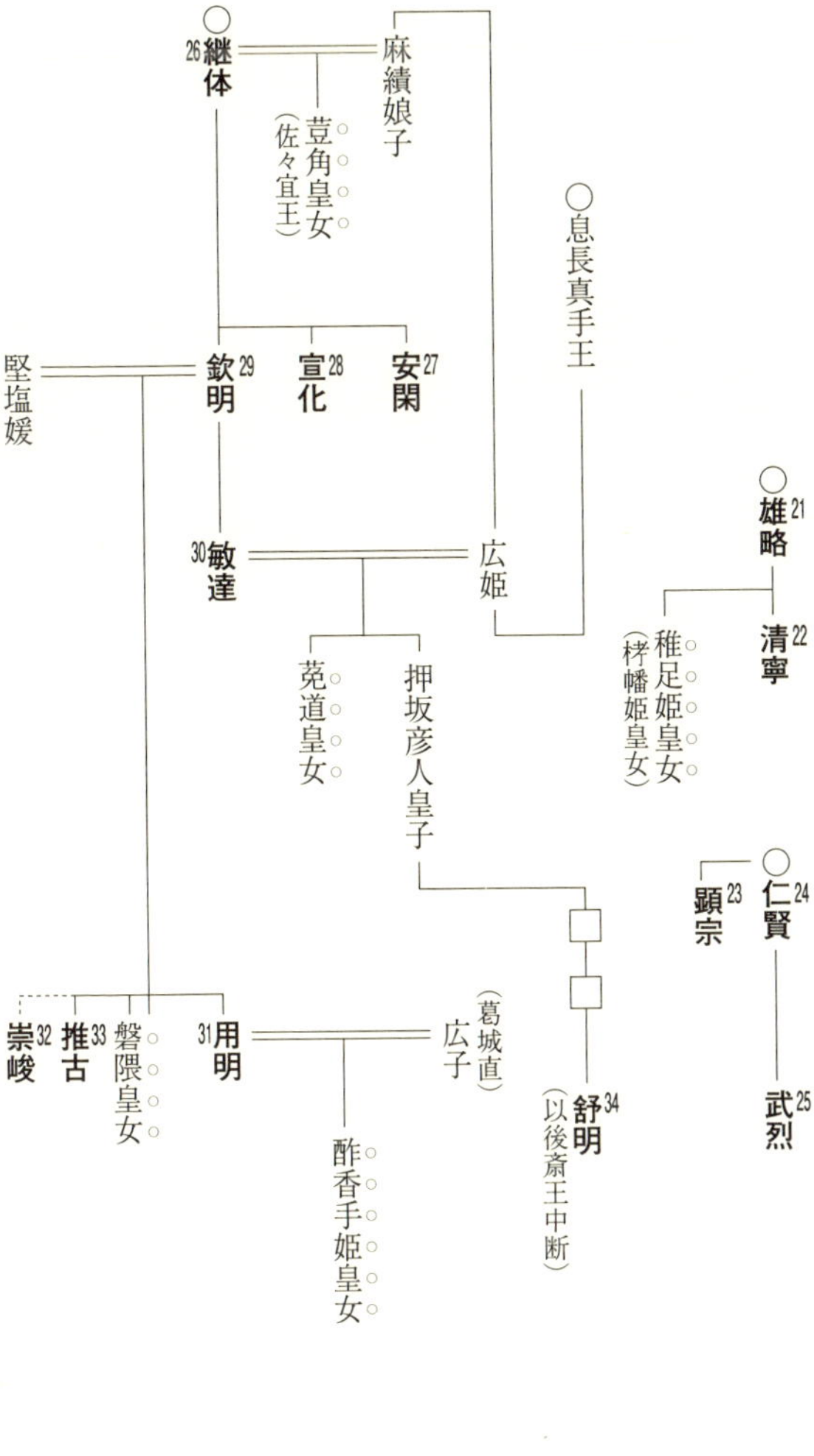

〈備考〉正統な大王以外「中天皇」、あるいは実在の可能性の低い大王については、斎王の選任がみられず、この点は見事な対照といえる。

即位したことを認めようとする説[195]も多く、私見もこれに左袒したい。飯豊女王については、高木角刺宮の宮号や清寧紀三年七月条の、「与夫初交（まぐはひ）」を行い、「女の道を知ったので、もうこれ以上男と交際はしない」と述べた唐突なエピソードなど、これはもともと彼女が巫女であって「神の妻」の立場にあったことを示すもの[196]ととらえられる向きがつよい。その点で飯豊女王は「宮廷最巫」として袁祁（仁賢）・意祁（顕宗）二王が即位すべきことを「告知」したとまでいわれている[197]。

いずれにせよ事実上の大王であった飯豊女王が登場することの意味は何であろうか。雄略崩後の清寧の即位については疑問があり、雄略在世中にすでに没した[198]（白髪太子の御名代として白髪部を設けたとする伝承〈「清寧記」〉など）とすれば、飯豊女王は雄略崩後直ちに即位したことになる。飯豊の大王位継承の必然性はふつう血統断絶をめぐる王位継承問題に集約される傾向があるが、雄略朝前後の政争や武烈紀の残虐記事等を参照すると、血を血で洗う殺戮、無益でためにする処刑や生贄など目を被う惨劇が繰り返され、これら事件や紛争を嫌悪し忌避する雰囲気が内外に充満していた背景も動機として考えうるのである。その結果として、秩序回復の方策としての「女治」が求められたのではなかろうか。

ここで一つ注目されるのは飯豊女王が葛城氏系の出自とされていることである。彼女が市辺押磐皇子の姉、または子とする異伝（別掲系図参照）があるとはいえ、その母とする黒媛（履中記紀）・荑媛（はえ）（顕宗即位前紀所引譜第および一本）はいずれも葛城氏の出身とし、一方葛城圓大臣の子と伝える葛城韓媛（雄略紀元年三月是月、韓比売―記）が稚足姫（若帯比売―記）を生むとあり、これが栲幡姫と同一人とすれば、両者はいずれも葛城氏の一族ということになる。女帝飯豊の治世下、斎王遺侍が事実上開始されることはきわめてありうることといわねばならない。なお、付言すれば、葛城氏が管理したとされる「葛城県」については、雄略朝以降もなお葛城氏（葦田宿禰系カ）により継承されたとすれば(199)、のち蘇我馬子大臣が「元臣が本居なり。故、其の県に因りて姓名を為せり」と称して領有を迫った（推古紀三十二年十月条）、「葛城県」との深い縁故からして、斎王遺侍の由縁を生み出した伊勢神祠・伊勢の地に蘇我氏が勢力を扶植することは十分に予想できるのである。雄略朝前後の血なまぐさい政争の実態は旧稿があるので参照されたい(200)。

五世紀末の政情は、ちょうど三世紀の「ヒミコ」の女王国出現の経緯と重なりあうものがあると考えている。政争の規模はおそらく畿内周辺地域にまで拡大し、前(プレ)伊勢神祠についても体制の動揺など、深甚な影響を与えたに相違なかろう。大和政権に「女王」が誕生するその瞬間にこそ、伊勢斎王（女）遺侍の条件が整備され、その基盤としての伊勢神祠と祭式が生まれたといってよい。

2 『皇太神宮儀式帳』のヤマトヒメノミコト巡行伝説と「百張蘇我国」について

「儀式帳」にみえる天照大神の伊勢遷祀の伝承とヤマトヒメの巡行伝説は、書紀垂仁段の記す伝承と比較しても格段に詳細につくられており、伊勢神宮と伊勢の風土と歴史を探索するうえでも、きわめて示唆に富む内容をもつといえよう。だがヤマトヒメの巡行はなぜ伊賀・近江・美濃といった大きく迂回する経路を選択したのであろうか。五世紀中葉の葛城氏滅亡をめぐる争乱に敗北した勢力が伊勢に逃れたとするならば、大和から伊勢に向う直進路をとるのが順当であり、ちなみに『伊勢国風土記』の逸文に、磐余彦（神武）天皇が菟田下県にいたり、天日別命に「天津の方に国を平けよ」と命じた天津方とは、のちに「勅を奉りて東に入ること数百里なりき」と記すことからみて東方を指示し、陸路の伊勢入りを思わせる伝承である。伊勢へ直行する路にどのようなものがあるのか。まず宇陀の墨坂から大坂にいたる伊勢参宮道（伊勢街道）がある。[201] つぎに吉野川上流を溯り、高見峠越えで櫛田川を下る道は、一部を水運に頼ったとはいえ、基本的には迂回路ということになる。

ただこの道に沿って三角縁神獣鏡が出土していることでもあり、相当早くから知られた道といえよう。[202] だが一方の宇陀の墨坂は風土記の伊勢への東征路とその起点であり、また大来皇女が伊勢太神宮遣侍のために籠った「泊瀬斎宮」（天武紀二年条）は所在が明示されていないが、宇陀の初瀬川沿いの場所であるのはたしかであろう。多少難路だが、壬申の乱直後の混乱のさなか、最短の大坂越えの「参宮道」を採用した公算は高い。他方、ヤマトヒメノミコト巡行の旅程は常識的には宗教行事（神事）と解釈するのが妥当と思われる。

斎王遣侍は具体的かつ詳細には平安朝以降が知られているにすぎない。宮中での別れの儀式を経て出発し、逢坂山から近江路に入り東海道を取って鈴鹿峠を越え、伊勢路を南下するもの。「斎王群行」と称せられるこの行事は、途中に潔斎を継続するための適当な宿泊地を設けねばならず、斎王に仕える女房を従えての行程であって、多くの煩労が予想される。したがって宗教行事としては、当然この順路が利用されたとすべきだが、問題は書紀編纂の奈良朝初期以前に、この慣行が実施されていたかどうかである。書紀には延暦の儀式帳のような詳細な巡行路についての説明はなく、ヤマトヒメによる遍歴は、編纂当時に実際あった群行慣習に基づいたものとは考えにくいのである。垂仁紀の巡行伝承がつくられた背景には、大和政権の東方進出の過程を意識した、たぶんに観念的な歴史認識によったと判断できる。しかしすべての伝承が造作されたとはいいきれない部分も残る。すでに奈良時代以前に、伊勢神宮周辺に独自のヤマトヒメ遍歴の伝承が成立していたかもしれず、奈良朝末ごろ書紀等の記述をふまえ、現実の斎王群行順路をも参照した儀式帳所載の巡行伝説が確立したといえよう。ヤマトヒメ巡行伝承の成立時期については、通行時の地名が明示され、在地首長が神田・神戸を献進したとする伝えもあることから、かれらが大神に献上したという聖なる起源伝承の意味をもつものであるから、これら神田・神戸は未来永劫退転や押領されることのないよう規範的意義を持たせ為政者への牽制を働きかける意図が込められているという(203)。もしそうであるならば、大神宮祠官らの権益保護を目的に一定の政治的意図で造作されていることになり、伝承の成立についても儀式帳編纂時期に比較的近い段階で考える必要があろう。しかしヤマトヒメ巡行伝説の構想自体は区別して考えなければならず、書紀伝承に依存したなかば架空の産物とまではいいきれない。下敷となる何らかの原伝承があったとみてよいのではなかろうか。そこで、この儀式帳の巡行伝説について、成立時期や内容の作為性などいくつかの疑問があるにもかかわらず、なぜ儀式帳の記事にそれほどこだわるのかといえば、それは巡行伝説に登場するいくつかの地名伝承に関心をもつからで、ヤマトヒメ遍歴の過程を追究するなかで検討することにしたい。

書紀が伊勢篠幡を起点とするのに対し、儀式帳は「美和乃御諸宮」から始まる点が注意される。宇陀阿貴宮を経て佐々波多宮にいたるが、それ以前は、滞留場所が列記される。伊賀穴穂宮—阿閇拓植宮—淡海坂田宮—美濃伊久良賀宮と続き、伊勢桑名野代宮に達する。伊勢ではじめて在地の土豪、国造遠祖建夷方を呼び、汝の国名は何ぞと質問した。これまでの美濃諸国は通過点での問いかけがなく、伊勢がいわば未知の世界として扱われていることがわかる。そこで国造が「神風伊勢国と曰うす」と答えた。その後いくつか、河曲鈴鹿小山宮等を経て多気佐々牟迤宮に到着し逗留する。その際のヤマトヒメの問いかけに対し、在地の首長竹首吉比古は「百張蘇我国」と返答している。いったいこの蘇我国とは何か。周辺に該当するような地名はないか調べてみると、まず『和名類聚抄』国郡部に、多気郡相可郷の名が目に止まる。この「相可」については、かつて本居宣長が、儀式帳等に「五十鈴宮に鎮リ坐サむとせし前に、磯ノ宮ニ坐ス」とあることをふまえて、「其磯宮は度会ノ郡になるには非す、多気ノ郡の相可郷のあたりなりとも云」として、最古の伊勢神宮は垂仁紀二十五年条に載せる磯宮であることを示唆した(204)ことで知られる。後述の多気大神宮の由縁を考えるとき留意すべき視点となろう。さてこの「相可」の読み方であるが、相可の訓は「阿布加」であり、音読するにしても、相はサウであってソウではなく、単純に類音とみなすことはできない。さらに近隣の地名を捜索してみると、一志郡には須加郷の名があり、『延喜式』にも「須加神社」の存在をみる。一志郡に物部連の本貫があってその地に新家屯倉が設置されたとすれば、物部連に代り推古朝前後に蘇我氏が進出してくることは十分に考えられよう。物部神社に対抗して蘇我神社が置かれても何ら不思議はあるまい。蘇我・宗我のソガは慣用音・呉音でスガと読む。スガはスゲ（菅）の交替形で複合語をつくる際用いられる（『時代別国語大辞典』〈上代篇〉）[205]が、清浄・神聖な意であるスガ（菅）の繁茂する河内石川の宗我に蘇我氏の本貫を求めた黛弘道の研究[206]が知られている。だがすでに指摘したように、スガ＝スゲの語は祭祀・呪術と深く関連し、簡単にスガをウジナとみなして蘇我氏の本居と断定することはむずかしい。スサノヲの出雲下りの神話で、天津罪を蒙り根国に赴く途次、奇稲田姫と通婚し大巳貴神が誕生する「仮宮」の地名に、清浄のスガが用いられた事実を想起しなければならない。スガのスゲはすべての罪障・穢れを払い去る大祓の神事と直結するものである。律令郡制で度会・多気・飯野三郡が神郡に指定されたように、蘇我国とは文字どおり清浄・神聖の国として異域から遮断する境界が意識されたからであろう。神風伊勢国と喩えられることは、禊祓の意義が伊勢神祠存立の根幹につながる可能性をいっそう高める。伊勢神宮でもっとも重要な祭儀は神嘗祭・六月十二月の月次祭にあたる三節祭で、基本はいずれも神饌の行事だが、その供饌の際はすべて解除大祓の神事が行われる。『皇太神宮儀式帳』六月例条に、

十六日を以て、宮より西の河に退出し、御巫内人をして、即ち禰宜、内人、物忌等の後家の雑罪の事を申し明は令む。解除ならびに清の大秡畢りぬ。

とあって、御巫内人立会いのもと、禰宜以下の後家の雑罪を申告させ、そのうえで清（すが）の大秡が行われた。この神事はあくまで夜半から十七日平旦に内院皇太神に捧げられる由貴大御饌（朝夕二度大御饌）のための前提ではあったが、罪障の申告は天岩戸神話の国津罪を連想させ、また六月十二月晦宮中での大祓神事との関連をも推測させる。儀式帳が解除大祓を「清乃大秡」と記すことからみて、清は菅で、スゲ・スガはすなわちソガ（蘇我・宗我）に通じている。したがって「蘇我国」とは文字どおり度会・多気の神郡、狭義には「度会斎宮」を指示するものであろう。だがさりとて、蘇我氏、すなわちウヂナとしてのソガとまったく関連がないと否定し去ることはできないであろう。蘇我氏は元来大和出身にせよ、ウヂとしての繁栄の端緒は宣化紀の稲目以降であるならば、あるいは伊勢進出を契機として神郡の管理に携わる過程で、所在の須加（清地＝蘇我）を取り蘇我氏を称するにいたったことも考えられるのである。スガ（清）は大祓神事と切り離せない関係にあるが、蘇我氏もまた大祓神事と無関係ではなかった。神祇令義解によれば、六月十二月晦の大祓に、渡来系の東西文部が深く関与していた。蘇我氏と漢直（倭漢直）の関係は、大化前代から蘇我氏本宗（蝦夷・入鹿）の家宅（上の宮門・谷の宮門）をアヤ氏（皇極紀には漢直）をして警護させたことなど、本宗家滅亡まで蘇我氏輩下として隷属の関係を維持した。神祇令の記述によれば、

凡そ六月十二月晦日の大祓は、中臣御祓の麻を上り、東西の文部祓刀を上り、祓の詞を読む。訖りて、百官の男女祓所に聚集り、中臣祓の詞を宣べ、ト部解除を為す。

とあり、大祓の神事が東西文部（東西文氏―『古語拾遺』）による祓刀の献上と合せ祝詞を読むという宮

中の神事であったことが注目される。中臣祓詞の場合、のち別に祓所に集められた百官男女の前で読まれるので、少なくとも儀礼上は東西文部が読む「祓詞」が重視されたのは疑うことができない。東西文部の咒詞は『延喜式』祝詞条にみえる。

謹みて請ふ。皇天上帝。三極大君。日月星辰。八方諸神。司命司籍。左東王父。右西王母。五方五帝。四時四気。捧げるに銀人を以てし、禍災の除かれんことを請ふ。捧げるに金刀を以てし、帝祚の延からんことを請ふ。咒に曰く、東扶桑に至り、西虞淵に至る。南災光に至り、北弱水に至る。千城百国。精治万歳万歳。

皇帝の息災延命と統治の無事を祈願する内容で、本来禊祓の神事が大王就任儀礼と直結することを暗示しているといえよう。唐風の禊祓行事が宮廷に定着するのはさほど古いことではなく、おそらく漢（文）系渡来人が朝廷内に一定の地位を占める推古朝以降のことであろう。ハラエは神事であっても祭儀ではないとの解釈もあるが、古くは季節的に訪れる客神に犠牲や神饌を捧げて退散を祈願する祭儀が実施された。スサノヲに千座置戸を負わせ高天原から追放する神話は、祭儀から神事に転換する過渡期の現象を示すといえよう。七世紀以前に東漢直を輩下に置いた蘇我氏が伝統的な稲まつりの形式を改め、独立のハラエ神事を創出した蓋然性は高い。

3　多気大神宮から度会斎宮へ
――伊勢神宮確立をめぐる伝承――

だが「蘇我国」の意義とは、伊勢神祠周辺をスガ（清浄の地）、すなわち神郡として囲い込むことに止まるものではなかった。難波朝廷に評制が敷かれた際、度会・多気に屯倉が設けられたことで知られるように、この地が開墾地として栄え、伊勢第一の穀倉として先駆的発展を遂げた点に重要性が認められる。百張蘇我とは、張と墾を掛け合せたもので、多くの墾田が開かれ拡大した「クニ（土地）」を称えた表現とみることができる。『皇太神宮儀式帳』によれば、

難波朝廷天下立評の時に、十郷を以て分ちて、度会の山田原に屯倉を立てて、新家連阿久多を督領に、礒連牟良を助督に仕へ奉りき。十郷を以て分ち、竹村に屯倉を立て、麻績連広背を督領に、礒部直夜手を助督に仕へ奉りき。

さらにまた、

近江大津朝廷天命開別天皇の御代、甲子年を以て、小乙中久米勝麻呂に、多気郡の四箇郷を申し割りて、飯野高宮村に屯倉を立て、評督領を仕へ奉りき。即ち公郡と為さしむ。

とある。弥永貞三はこれら屯倉について、大化後の諸屯倉を検討した結果、官倉ないし郡家のことと考えるべきとしている[(207)]。多気と竹は相通し[(208)]、多気郡の多気を略して在所の竹村をそのまま地名として記したも

のであろう。飯野高宮村と同様に村は郷村の意とすべきである。

現地調査が進行中の「斎宮跡」は、三重県多気郡明和町にある。同所竹川に存する式内竹神社の位置に近い。斎宮とは職名の伊勢斎宮とその居所（斎王宮）を意味した。斎王宮の施設がいつ頃まで溯れるかは明確な資料に欠け詳細はわかっていない。ただ客観的な判断材料としては、斎王宮跡東南二キロに初期土師器生産地の北野遺跡が存在し、この付近に初期土師器生産遺構として著名な「水池土器製作所址〈国指定史跡〉」がある。一帯は『和名類聚抄』多気郡有貳（尓・爾）郷に含まれており、神宮に調進する土器を焼成・生産した場所として知られる。北野遺跡は六世紀後半から土師器生産が開始されていて、(209)斎王の下向が常態化してくる欽明朝以降と重なる点が注目される。在任中の斎王は平生、この多気御所で潔斎に勉め、神宮の三節祭に外宮と内宮に参り、太玉串を捧げて拝礼する。斎王の群行は、天照大神の御杖代となるヤマトヒメ巡行伝説と重なる部分があるので、斎王はもっぱら神宮の創始伝承の反復儀礼を行ったものとする見解がある。(210)斎宮の起源が伝説のように神宮発祥と表裏の関係にあるとすれば近接した位置を占めたはずである。そのためか、『類聚国史』（日本紀略）天長元年（八二四）九月十日詔によれば、いったん度会離宮に常斎宮（斎宮寮・斎王宮）を移した。(211)多気から太神宮までの往復が遠距離に過ぎ、供奉人を含めて煩労が多すぎたことによるとする見方もあるが、(212)群行は帰京路も同様に煩労をともなうのであまり理由にはならない。むしろ多気大神宮の歴史が長期にわたった逆の証明でもあろう。『続日本紀』文武天皇二年十二月己卯条に、「多気大神宮を度会郡に遷す」とみえるのは、その意味で注目すべき記載といえる。

これは垂仁紀の「斎宮を五十鈴川上に興つ。是を磯宮と謂ふ」とする伝承と矛盾するもの。『続日本紀』神宮文庫本には「多気太神宮寺」と記しているので、度会に遷祀したのは伊勢神宮ではなく、寺を神宮寺の誤まりとする解釈がある。田中卓は神宮文庫本を検討の結果、寺ではなく寺であって、下の欄外に異筆で記入した後補である。旧金沢文庫本を吟味しても「寺」の表記はみられない。寺を誤脱とみて、原本には司（太神宮司）とあったか、あるいは神宮は多気にあった仮宮ではないかと説く(213)。

従来、多気大神宮を内宮（皇太神宮）と考え、式年遷宮の立制と結びつけ、多気郡の斎宮内に天照大神を祀ることがあったとする説(214)、また元来、神宮の下部祭祀機構を担ったのは、神衣祭を主宰した多気地域の麻績・服部の在地勢力であって、のち磯部氏を中心とする度会の勢力が大和政権の庇護のもと内部抗争に勝利した結果、多気にあった内宮（多気大神宮）が度会に遷祀されたとする説(215)があり対立するが、田中はその決定論ともいうべき反証をあげる。先述のように、『万葉集』の柿本人麿の高市皇子への挽歌「神風爾伊吹惑之」の一節を示し、度会の斎宮は天照大神を祀る〝内宮〟を指すことはいうまでもなく、高市皇子の死は文武二年をさかのぼる持統十年であるから、文武朝にいたり内宮が多気から五十鈴川上に遷った、などということは絶対にないと断言する(216)。ただこのことが文武二年当時、伊勢神宮の多気にあった事実を何ら妨げるものではない。天孫降臨の際、猿田彦神が「伊勢之狭長田五十鈴川上」にいたり降臨を待ち受けたこと（紀一書第一）、また二柱神、すなわち神鏡と思金神が「佐久久斯侶伊須受能宮」（神代記）にあってあらかじめ祭儀を執行し、天照大神の来臨（垂仁紀二十五年条の降臨説を受けたもの）に備えたなど、一連の神話的伝承が天武・持統朝には成立していたとみるべきで、現実の多気大神宮の存在と神話的伝承地としての度会斎宮（皇太神宮）を意識として共有したことに矛盾はあるまい。

4　新家屯倉と度会・多気評の成立

伊勢神宮の確立をめぐっては、大化後の屯倉制と関連づける見解がある。川添登は、前述の多気竹村と度相山田原に設置された二の屯倉に着目し、『続日本紀』文武二年の多気大神宮遷祀の記載は、多気の穀倉が度会郡宇治に移管されて内宮の正殿に、山田原の穀倉はそのまま外宮の正殿になったことを示すものと主張した。(217) 伊勢神宮の〝稲まつり〟の重要性をミヤケ経営と結びつけた視点は鋭いが、屯倉の穀倉をそのまま神宮の正殿築造と連関させることは如何であろうか。大化後の竹・山田原の屯倉は、本来新家屯倉を基盤としたと考えられ、和名抄のミヤケは多気郡三宅郷の一カ所のみであることから、新家屯倉はこの多気を基盤に設けられたものであろう。新家連の本貫は一志郡だが、「新家」の正確な位置関係は不明である。一志郡は伊勢の各郡のなかでも最大で、しかも海岸線付近の地理は一志・多気・飯野三郡が近接しており、雲出川から櫛田川の河口周辺に集約されている。南勢の前期有力古墳は一志地域（雲出川水系）と櫛田川左岸地域（現松阪市付近中心）に集中し卓越していて、相互に交流があったと考えられている。開発地としての「新家」は意外に広範囲にわたり、多気郡にも及んだことが予想される。平安時代の群行路と帰京路は甲賀・鈴鹿および阿保・都介を経由するが、両道は一志で一本になり斎王の頓宮が設けられた。[218] おそらくは榛原町付近から東進する参宮道（伊勢本街道）と、高見峠越の道も古くは一志駅付近で合流したと思われる。大和と美濃・尾張からの通路が交差する地点で、交通の要衝に新家連と新家屯倉が立地したことになる。大化後の度会山田原・多気竹村・飯野高宮村三カ所の屯倉は新家屯倉の機能を分散・解体したもの。儀式帳の記載によれば、難波朝廷天下立評の際、十郷をもって分かち、各屯倉を設立したとあるので、郷がどのような単位であるか不明だが、文意からのみ判断すると、一評（郡）十郷制の構成を取ったことになろう。むろん律令編戸制による郷の単位は、持統四年（六九〇）作成による庚寅年籍の戸の原理に従い五十戸一里を基準とするものであったが、霊亀元年（七一五）にその里を郷に改めて以後用いられたもの。各郷は立評当時に実在したのではなくのちに造作されたもので、この立評が制度的になされたことを示そうとする狙いがあったのであろう。度相山田原・多気竹村・飯野高宮村と特定の地名を記して屯倉の設置を伝えることからしても、倉庫（正倉）と官衙（政庁）を併設する建造物[219]と推測されるが、一方で評督・助督の官名を伝えていることからみると、ある程度評と屯倉が一体化した機能を備えていたと解しても差し支えはあるまい。伊勢の度相評・多気評の場合、律令郡制に直結する評督・助督の二官制が採用されていること、これは以後の大領・少領に引き継がれることにつながるので、行政の特別区であっても、郡家（コホリノミヤケ）と表記される律令郡制への移行の典型とみることができる。ただこの度相・多気・飯野三評の成立条件には、いずれものちに神郡に定められ、とくに度会評は伊勢神宮を領域内に含み、他の一般の立評条件とは異なるものがあったとしなければならない。難波朝立評の際という評督の官名は、他の用例を拾うとすれば、史料性に問題のある伊福部氏系図[220]の水依評督（孝徳二年丙午）、利波臣氏系図[221]の利波評督（〈後カ〉岡本朝）等を除くと、那須国造碑の那須直韋提の評督（永昌元年〈持統三年〉六八九）、『続日本紀』文武天皇四年（七〇〇）六月庚辰条の衣評督・助督の二例で、いずれも持統・文武朝に属しきわめて時期が新しい。したがって評督・助督の二官制成立を天智朝ごろとみる見解が生れたが[222]、最近の木簡等評制史料の出土によって、もはや孝徳朝に評制が何らかの形で成立していたことが疑えなくなっている[223]。評がのちの郡と直結する官制的組織から発足したとすれば、当然統率すべき官司が必要で、当初の官名を評造にあてようとする説もあるが、これにも問題がある。伊勢の度会評・多気評のあり方は明らかに官制的組織に基づくもので、評制の基調はこの官制的評（公郡―儀式帳）拡大によって国家的主権を伸張させ、律令制国郡の樹立を目指したことにある。伊勢国の立評が度会・多気において開始されることは示唆的であり、六世紀末以降の、新家屯倉の開発と「伊勢神宮（用明即位前紀）」に象徴される蘇我氏を中核とした国家権力の浸透によって、文字どおりの「蘇我（清）国」が成立したとみるべきであろう。

これは繰り返しになるが、一般に評は律令郡制の前身をなす地方行政組織であり、郡も評もコホリだが、大宝令以降の用字である郡に対し、それ以前は評の字が用いられた、と理解される傾向にあった。ところが、他に郡への連続性を持たない大和の「飽波評」の例があり、その後、伊場遺跡から「駅評」の文字をもつ木簡が出土したこと、また最近では、大阪市難波宮址北西の調査で、「秦人凡国評」と記した木簡[224]がみつかっていて、今後さらに評の多様性についての検討が必要となっている。[225] 奈良朝以前の評制施行下においては、大宝令によって郡への移行準備が進む一般行政区の評が拠点的に存在する一方で、渡来人の集中居住（秦人凡国評）する、あるいは何らかの目的・用途（たとえば駅評）によって設けられた特別行政区が介在しており、他は国造・県造ら在地支配の強固な、行政区の範囲に収まりきれない（評制未成立の）地域の三様に判別が可能と思われる。以前、常陸国風土記や「戊戌年（六九八、文武天皇二年）糟屋評造春米連広国鋳鐘銘〈妙心寺鐘〉[226]」等にみえる「評造」について、官司的用語と認め立評当初に単一の官であったものがのちに督・助督の二官制に移行したとする説、あるいは評造を督・助督を包括する官名とする説が現れたが、評造以外に評君があることからして、むしろ氏名または地位的称呼を指すとみるのが妥当と思われる。国造・県造に対比されるもので、その身分や資格を意味するものであろう。『正倉院蔵、法隆寺系幡』の墨書銘に[227]、「阿久奈弥評君」とある君のほか、吉備の笠国造に由縁するとみられる笠評君は、「辛亥年（六五一、白雉二年）七月十日記笠評君、名大古臣」（『金銅観音菩薩造像記』[228]〈法隆寺旧蔵御物〉）とありその例をみる。ここで比較的史料の多い飽波評を取り上げると、この地は飽波村とも称した（「東大寺奴婢帳」[229]）のように、領域が狭いためのちに生駒郡に吸収合併された。また聖徳太子や法隆寺と縁故が深く、飽波葦墻宮（『大安寺伽藍縁起幷流記資財帳』所収[230]）や飽波宮（『続日本紀』天平神護元年四月乙巳条）の名にうかがえるように、離宮など皇室領にあてて考えるべきであると思う。領域がかぎられることもあり、大化後の立評の過程で新旧国造や渡来系住民の利害や便宜等を最大限に許容しつつ囲い込みを行い、軍事・交通の要所を確保することで漸進的な国郡制への移行が図られたと解せられる。いずれにしても評から郡への移行は、単に前代の評の表記を郡に改めただけではなく、評制とは律令郡制成立にいたるさまざまの矛盾や問題点を調整・克服するための過渡的な行政制度であったとみてよい。先述のように、伊勢には尾張・美濃の隣接地にない、天日別命と伊勢津彦の対決といった弱小ながら国土征服に類する神話の痕跡（伊勢国風土記）が遺存する。一国を束ね統合する国造などの有力豪族が少なく、中小在地豪族の対立やせめぎあいを巧みに利用して囲い込み、一方で国家権力に基づく一部特定地域の占有・支配を推進して行く。従来から大和政権に直接・間接の影響を与えてきた伊勢神祠を、六世紀後半以降、支配下に置くことになる。またそれを可能にしたのは、畿内有力豪族の蘇我・物部両氏による新家屯倉の開発と経営に表象された軍事・経済的支配の完成にあった。大和政権の発展とその延長線上にある東国進出は、伊勢の稲作経営の根幹をなす新家屯倉と、稲まつりの中核をなす「伊勢神宮」を車の両輪とすることによって、重大な一歩を踏み出すことになるのである。

X 「斎宮」の復活と伊勢神宮の再編（結論）

1 天武朝の伊勢神宮と斎王
――大津皇子「謀反」事件の背景――

書紀伝承によってみても、舒明―天智朝の四十六年間は、伊勢神宮への斎王遣侍の記録がみられない。推古朝の酢香手姫皇女退下から天武朝大来（伯）皇女の伊勢神宮参向までの中断は、偶然というにはあまりに長く、この間の政治動向が何らかの影響を与えたのはまずたしかなことであろう。ただ天武朝以前の書紀記載の一般的傾向からみて、伊勢神宮（斎宮）関係の史料が欠落した可能性も皆無ではない。また大来皇女を初代斎王とみなし、天武朝以前の伝承をすべて否定する見解も存する。ちなみに『一代要記』は、「斎宮自此五代中絶」と記し舒明天皇以降の中絶とするが、伊勢神宮関係史料も含め同様の扱いとすることから、この伝承は基本的に信憑性があるといえる。だが『一代要記』は大来皇女の斎王選任についてはまったくふれていない。大来皇女の次代斎王は多紀（当耆）皇女だが、『続日本紀』文武二年九月丁卯条に「多紀皇女を遣して伊勢神宮に侍らしむ」とあり、この記事はおそらく同年十二月乙卯条の多気大神宮の度会宮遷祀とかならず関連があろう。書紀の場合、持統朝の斎王選任は記録されていないので、天武朝の末年に大来皇女が罷免されたのち、斎王が空白となる期間があった。『一代要記』は天武朝の朱鳥元年に多紀皇女が選任されたものと解したようで、その天武天皇条に「按ずるに、朱鳥元年に斎王を立つ。今年九月に帝王崩ず。しかるに斎王なほ御坐する由見ゆ。如何に」と記し、またつぎの持統天皇条に「斎宮、多紀皇女此の如し」とある。その点で『一代要記』が参照した斎宮史料に、大来皇女の選任を認めず、事実上の斎宮制度は律令制下の天武・持統朝に始まるとの説があったかもしれない。書紀の朱鳥元年四月丙申条に、多紀皇女らを伊勢神宮に遣わす記事があり、それ自体では単なる神宮への参向と解するのが妥当である。一代要記編者の曲解とすべきだが、さりとて一方的に訛伝として斥けるわけにもいかない。なぜなら持統・文武朝は文字どおり斎宮制度の整っていない草創期にあたり、伊勢神宮の再編など時代の転換点と考えるむきがあるからである。そこで以下、天武・持統朝中心に伊勢神宮の地位や基盤がどのように形成されたか溯って検討することにしたい。

天武壬申紀以前では、垂仁・景行朝の伝説時代（神宮の名称を用いる）を除けば、天照大神の名はみえない。だが用明即位前紀によればすでに「日神の祀」の表記がみられるので、推古朝以降、太陽神（日神）が伊勢神祠の主神として祀られたことは疑えないと思う。

同時に伊勢大神は王権の守護神としての地歩を固めつつあった。皇極紀四年正月条に、乙巳の変（大化改新）を予兆させるような変事が生起し、そこに伊勢大神が登場している。

> 或いは阜嶺に　或いは河辺に、或いは宮寺の間にして、遥に見るに物有り。而して猴の吟を聴く。（中略）。其の身を観ること獲るに能はず。或本に云はく、是歳、京を難波に移す。而して板蓋宮の墟と為らむ兆なりといふ。時の人の曰はく、「此は是、伊勢大神の使なり」といふ。

奇怪な猴の吟いは、板蓋宮のついに廃墟と化す前兆として衆人の噂になったという。皇極朝は蘇我氏の専権下にあったが、伊勢神宮は、いわゆる権力の抑止機関ではないにしても、非公式のメカニズムが働き、一定の制御を可能にする機能を備えていたと予想できる。意識的な噂を流し事件を演出することで、「世論」を喚起する役割を果たしたことが考えられよう。[231]七世紀中葉のこの時期に、伊勢大神が世論を盛り上げる一方で、権力の行使を抑止する働きを有していたことが推測できる。

乙巳の変の蘇我氏本宗の滅亡以後、いったん後退したかにみえた伊勢大神の権威が、未曾有の壬申の大乱を契機として、伊勢大神の再来ともとれる天照大神の出現によって復活するかに受け取られることはやはり注目に価しよう。天武紀によれば、同三年十月丁酉朔乙酉条に、「大来皇女、泊瀬斎宮より、伊勢神宮に向でたまふ」とあるのが神宮関係記事の初見といえる。ついで同四年三月丁酉条に「十市皇女、阿閉皇女、伊勢神宮に参赴ます」とみえる。しかしその後は書紀に伊勢神宮のことはみえず、朱鳥元年四月丙申条に再度現れる。天武朝の祭祀・神祇で目立つのは大解除（大祓）で、特定の神としては、広瀬・龍田神があり、ほぼ毎年祭祀が行われていた。

広瀬は大忌神、龍田は風神とされているが、同四年四月条が初出。大忌祭は水神を祭り五穀豊穣を祈る。

また風神は風水の害を鎮めること。いずれも万物生成の根源である気を鎮めるもので、唐制の祭りに感化され国家鎮護・安寧祈願の性格がつよい。これら二神と比較すれば、天武紀の伊勢神宮に対する扱いはかぎられた時期に集中する傾向がうかがえる。まずは壬申の乱直後、つぎは天武天皇の病状が悪化する前後となる。朱鳥元年四月丙申（二十七日）、多紀皇女・山背姫王・石川夫人（蘇我赤兄女、大蕤姫）三人が伊勢神宮に遣わされた。翌五月戊申（九日）に多紀皇女らは帰京するが、多紀皇女らの参向から約一カ月を経た五月癸亥（二十四日）条に「天皇始めて体不安（あつし）れたまふ」の記述があるので、使者の目的が天皇の病気平癒を祈願したと単純に割り切ってしまうことはできない。疫病以外にも何か不吉な予兆もしくは祟りがあって、そうした現象について伊勢神宮で占わせたのではなかろうか。なぜなら、参向から一カ月後にはじめて、しかもあえて重篤な病状を説明しているからである。かつて伊勢神祠を称した時期に、斎王は神に貢進される存在であり、原則上、供犠を受容するニヘ（贄）か神の奴婢・人質として扱われるものでしかなかった。しかしのちには、垂仁紀の倭姫命が天照大神の杖代とされるように、女神の天照大神の霊を依憑する、文字どおりの斎皇女（＝巫女王）の役割を負うことになる。たとえば、三輪山伝説の倭迹々日百襲姫命に神霊が依憑し武埴安彦の謀反を予想した預言者の働きをも期待された。斎王と神霊の一体化、すなわち天照大神の別称とされる大日孁貴（おほひるめむち）（神代紀国生み条）、天照日孁尊（同上）は太陽神の化身の女性司霊者を意味するので、天武朝頃には斎王の独自的権威が高まり、天照大神の神威を発揚する巫女王の性格を帯びるにいたったと思われる。

『扶桑略記』飯豊天皇条に「諸皇の系図に載せず。但し、和銅五年上奏の日本紀にこれを載す」とあるように、いわゆる「和銅日本紀」[232]、ないしは類似の帝皇系図等、『一代要記』の編者が書紀編纂資料を参照できたとして、多紀皇女を初代斎王と認める史料に遭遇する機会がなかったとはいえまい。『太神宮諸雑事記』[233]にも大来皇女の記述はなく、多耆子内親王の白鳳四年の神宮参向を伝えるのみである。それだけに大来皇女がのちの斎王の典型・印象とは懸け離れた存在であったのかもしれない。また『扶桑略記』文武二年四月十四日条に「大来皇女を以て、伊勢神宮に献る。始めて斎王と為す。合戦の願ひに依ってなり」とあるのは、律令制下の斎王と神祠に仕えるそれ以前の斎王女を区別する意識が働いたとも受け取れるが、斎王制の成立時期については諸説あり錯綜する。

天武天皇の崩直後、大津皇子の「謀反」をめぐって、持統がいっさい躊躇なくその処断を強行した背景には、何よりも大来皇女を介した伊勢大神の神威と影響力を危惧したからに相違ない。大来皇女が弟王の罪に連座して解任される際、「伊勢神祠に奉れる皇女大来、還りて京師に至る」（持統称制前紀十一月丁酉朔壬子条）とあるが、この際伊勢神宮を改めて「神祠」の旧称を用いたのは、伊勢神宮がこの事件に関与したことを暗示させると同時に、伊勢神宮の神威と影響が如何に大きかったかを如実に物語るといえよう。『万葉集』巻二、相聞に、「大津皇子、竊かに伊勢の神宮に下りて上り来まし時の大伯皇女の御作歌二首」とあり、その一首（一〇五）に、

わが背子を　大和へ遣ると　さ夜深けて　暁露に　わが立ち濡れし

と読まれており、離別の緊迫感が漂い、深夜に出立する弟王を気遣う臨場感と交錯してわれわれの胸を打つ。大津皇子はなぜひそかに伊勢神宮を訪れたのか。これは姉との訣別というよりは、むしろ巫女王としての大来を動かして天照大神の神威に自らの政治生命を賭けた行動であった公算が高い。このような伊勢神宮の高揚は、日神（天照大神）の祭祀が定式化し、斎王が主神の司霊者としての地位を確立したことにあったが、いま一つ重要な動機としては伊勢神宮と斎宮が機能的に一体化していたことも考えられよう。文武二年、多気大神宮が度会に遷祀された背景に、この一体化の方向が王権に拮抗しうるような伊勢神宮の独自的権威を生む温床になったとする痛烈な反省が込められていた。こうした反省が遷祀と軌を一にする多紀皇女の新たな斎王選任につながったので、斎王制度の発足が伊勢神宮の再編に直結するとの認識がつくられたということができる。

2　古代の遷宮論と式年遷宮
——藤原宮の「地鎮」と鎮守思想——

さらに伊勢神宮の特権と象徴性を弱め分散化する役割を果たしたと思われるのが式年遷宮の制度である。遷宮制は周知のように二〇年に一度の新殿を造営して旧殿の神体をそこに移すこと。『皇太神宮儀式帳』に「常に廿箇年に一度を限り、新宮に遷し奉る」とあり、『延喜式』伊勢太神宮条にも「凡そ太神宮を廿年に一度、正殿・宝殿・外幣殿、度会宮及び別宮を造り替ふ。余の社神殿を造る年限は此に准ず」とする。

これによると、神体を祀る正殿のみでなく内宮の諸施設の多くが造替の対象となったことがわかる。往古、宮（皇）居は天皇（大王）一代ごとに遷居する慣習がみられた。記紀にみるかぎりでは神武天皇から天武天皇までの歴代は例外なく遷宮が行われ、持統天皇の藤原宮にいたる。藤原宮は、従来の茅葺・掘立柱に代り、恒久的な瓦葺・丸柱の宮殿が営まれたという。だがその変化は建築様式のみにあったのではない。遷宮制について、田村圓澄はその理由を代替りの際の死穢に求めた。田村は本居宣長の父子別居説と久米邦武らの死穢嫌悪説を紹介し、なぜ天皇家にかぎって死で穢れた旧宮を捨て新しい宮居に遷らねばならなかったかといえば、先帝の崩御、その葬送（殯儀礼）を経て新帝が即位することと密接に関係しており、先帝の死穢が宮室の祭礼所としての機能を損ねることになったためと説明する。[234]祭祀所の定義はあいまいで、少なくとも天照大神の伊勢遷祀の動機や崇神紀の「政教分離」の原則からすれば公的性格の祭祀ではなく、天皇家内の私的祭祀の傾向（モガリから葬送・埋葬までの行為）がつよく、予祝の大王就任儀礼の公的祭祀とどのように接合できるのか疑念が残る。

私見は後述のように、藤原宮造営の際の「地鎮」と深いつながりがあるのではないかと思っている。葬送以外の天皇家内祭祀の主たる対象・目的は宮都の置かれる地域・場所、すなわち在地性のつよい地主神・宅神（屋敷神）・氏神・産土神との関係を如何に融和させ調整するかにあったと考える。むろん私的祭祀の重要な対象に皇祖神の存在があったが、在地性を欠く新帝が宮居を移動するばあい、かならず在地の神々との摩擦が生じる。なぜなら、元来天皇（大王）家は祭司・呪師の世職を継承する一系の宗族出身者とみられているからである。古代豪族の多くは氏姓を持ち各自が本貫地に依存する在地性のつよい族的集団であった。反面天皇家は姓を称することなく、極言すれば他の在所・敷地を借用して生活を営む根なし草のような存在で、「仮宮(権)」を設け住居を転々と移動する。

魏志倭人伝のヒミコの宗女壱与が世職を継受したような、ある種超越的な家系であったことをうかがわせるが、それだけに遷宮の行為が死穢等の現象面では偏付けえないこだわりを看取させるのである。古墳時代、首長連合による持廻りの政権下、政権移動にともなう在地への執着を捨て、地主神・氏神・宅神（屋敷神）との因縁を解消する。たとえば、皇統譜の欠史八代（神武天皇から開化天皇まで八代の天皇。系譜記事以外旧辞伝承がきわめて少ない）を参照すると、地元の県主族との通婚を通じて在地土豪の抵抗を和らげ、穏便な交際への配慮がうかがえる。古い日本の民間信仰に屋敷神や宅神があるが、かれらは土地の守護神であると同時に祖霊的な性格をも備えていた。だがその屋敷神は家の先祖というだけではなく近隣郷村の守護神でもあるらしい。またよく祟る威力神の側面も知られていた(235)。元来実権を所有しない祭司王の家系が継続して世職を保持しようとすれば、その地の祖神であり縁戚の屋敷神・宅神・地神との摩擦を回避して居地を転々と移動せざるをえない。允恭天皇以降の歴代陵墓の所在は記紀の記載によってほぼ系譜関係を辿ることができる点からみても、遷宮論の必然が証拠だてられよう。宮居の設定は一定の条件を定めていくつかの候補地を選び、最終的には卜占によって決めた。歴代の宮居と陵墓の位置関係がしばしば食い違うのはそのためである。また祭司王のばあい、宮居で生活してもその土地・場所を占有するわけではないので、在地勢力や地主神と無用な摩擦が生ずるわけもなかった。ただ葬送や埋葬行為、陵墓地の選定は天皇（大王）の家内祭祀の領域であり、ほとんど私的な裁量に任されたため、王権の伸張にともない、四・五世紀以降、王陵の巨大化や特定場所への集中が顕在化したといえよう。一方の宮居はあくまで公的な施設であり、大王は自身の祭司王としての資格を活用して地域紛争の調停や有力者の子女との通婚など、多くは王権への帰服や忠誠心を高める上で資するものがあったといえよう。

ところが六世紀以降、飛鳥朝廷の時代に入ると、遷宮の慣行は基本的に維持されながらも、一定場所に集約されて宮都が営まれ、それにともない王権の性格も次第に変化しつつあった。その究極の結果が藤原京の造営につながったのである。持統紀五年十月甲子条に「使者を遣して新益京（藤原京）を鎮め祭らしむ」と記している点が注目される。「地を鎮め祭る」とは、いわゆる地鎮祭に相当する。宮地とあるので、宮殿中枢に関する祭儀であろう。最近のことだが、日本最初の都城の中枢、藤原京址（奈良県橿原市）から、富本銭九枚と水晶九個が入った平瓶（ひらか）が出土した。発見場所は、奈良国立文化財研究所の調査によれば天皇が執務する大極殿を取り囲む回廊跡で、平瓶の注口部分（ラッパ状）に富本銭と土が積り、本体内には水晶が収められていたという（二〇〇七年一二月一日付朝刊）。出土情況からすると、宮殿建設の無事を祈る「地鎮」の道具であることは明らかである。水晶体は清浄無垢な空間を保ち、邪悪な神霊を遠ざけ工事の安全・無事を、九の数値は九曜（星）ないしは九天九地（全世界）に祈念する意か。私見は、まず瓶の入口に富本銭が詰め込まれていたこと、つぎに平瓶が用いられた点に着目する。奈良県明日香村飛鳥池遺跡の工房[236]を中心に大量に発見された富本銭については、江戸時代以来の厭勝銭・絵銭説に代って「富国安民」（富本＝富国富民の本の意）の儒教思想に基づき、唐の開元通宝の規格にあわせ、のちの和銅銭につながる通貨であるとする考えが有力化している。[237]その一方で、富本銭の厭勝呪術の効果がまったく期待されなかったのかといえば、その点は若干の疑念がある。それは富本銭が瓶の入口を塞ぐ状態で詰められたこと、このつぼが平瓶であったことにある。前にもふれたが、伊勢神宮（内宮）の正殿に設けられた心御柱周辺に天平賀と称する多数の平瓶が積まれていた。この平瓶に往古は神饌が盛られたとする説[238]が登場したこともあったが、天平賀はやはり心御柱を防護する地鎮の意味がつよいとすべきであろう。神祇の鎮座とは、主神が一定の場所に鎮まり定着することで、周囲の地主神・産土神・氏神等を服属させ、多くの眷属神を生み出すので、寺院伽藍神のような排斥の意味は薄い。伊勢神宮においてなぜ地鎮が必要とされたかといえば、やはり主神が一定領域を占め守護する意義が強固であったからであろう。その点主神が鎮座するということは、のちに考える寺院鎮守神の性格と大差はなく、仏教が伝来する推古朝前後を中心に、その影響下伊勢神宮の基盤が生成されたとするのが正しいのであろう。

神祠から神宮への転換は、祭儀の形式が客神を招いて祀る受動的な立場から主神を一定の場所に鎮め祀る主体的な形態に変化したことにある。従来の祠官（祭司）はシャーマン的呪儀を駆使した「巫師」そのものであったから、神もいわゆる招魂の呪術によって招かれる客神であったが、反対に当然のことながら招かれざる邪悪な客神も介在したわけで、これら「邪鬼」の類にはイケニエを供進してでもこれを払い捨てなければならない。すなわちハラエとイケニエが一体化した祭儀が行われるゆえんである。しかし主神が一定場所に鎮座することによって神域が設定され、主神とその眷属神によって鎮守されることになれば、ハラエは形式化して従属的な神事になり、本体の祭祀から切り離される。しかし一方で鎮まる、静まるとは動き離れ騒ぐ状況を前提とした概念であるから、主神のもつ性格や気分、また季節や環境等によって硬（荒）軟（和）両様の変化があり、その動揺を抑制するための新しい鎮魂（たましずめ）の祭儀は鎮座する神に対応する必然の移行であった。

だが藤原京（宮）の成立は、何も従来の遷宮の形式によらず、恒久的な施設に改められたことだけにあるのではなかった。律令制天皇が天地四方を支配することで大八州国に君臨する（＝鎮座する）主体的な君主たりえた点にあり、そのことの証明が正に「地鎮祭」の執行に表現されていた。他方朝鮮半島百済の武寧王は、銭貨一万文を積み、「買地券」によって地主神から墓地を購入し、安息の地を確保しなければならなかったことで知られる。一九七一年、韓国公州宋山里で発見された王陵から出土した多数の副葬品の一つに有名な「寧東大将軍斯麻王、年六十二歳、癸卯年（五二三）五月丙戌朔七日壬申崩」で始まる墓誌（じつは買地券）がある。(239) 買地券とは中国の道教思想に起因する、墓地に対する神の保護を祈願する呪術的な手法。通貨（あるいは古銭）等を造営の際に墓に収め、地神から墓地を購入する仕組みであった。日本天皇は逆に、在地の地主神を排除・制圧して特定の施設・場所を確保するために「地鎮の祭儀」を実施したのである。

　このような祭儀の根底にあるのが鎮守思想であり、その思考を踏まえて特定の土地・建造物を守護するために生れたのが鎮守神であった。かつて鎮守とは奈良・平安時代に蝦夷を鎮定するため陸奥国に置かれた「鎮守府」から連想されるように、元来、兵をとどめてその地を鎮め守ることであるとされてきたが、近来はむしろ、鎮守神は中国の寺院で行われた伽藍神に起源をもつので、仏教の伝来により九世紀頃から普及したととらえられる傾向にある。鎮守の概念は仏法布教の寺院という境域の永久性を保証するものであり、仏教の聖地を画し殿堂を構築する場合、当然勧請される境内鎮守神も永住性を保ち、かつ威力神でなければならない。勧請、すなわち外来の神々を招致するのであるから、在地の神祇の地神・屋敷神・宅神・産土神に対しては、敵対的に排除することになる。鎮守とされる神は、従来からある土着の神を押えるために祀られたのである。

[240] [241] [242] [243]

　伊勢神宮式年遷宮制の採用は、基本的にみれば古代の遷宮の慣行と概念に通ずるものがあると思う。式年遷宮では旧殿から新殿への神体の動座は、神威の分散化とともに在地（地主神・宅神）との間の固定的な結びつきをもある程度は制御する効果を期待できるようである。しかし、伊勢神宮の主神の天照大神は一定の境内に鎮座する神であり、自ら動座の範囲は限定されざるをえない。皇太神宮（内宮）の景観を知る資料としては、鎌倉末期以来の宮域の絵図が残されており、部分的な殿舎の配置を知ることができるし、その主要殿舎の具体的な資料も奈良時代までは遡ることが可能である。式年遷宮に直接関係する内宮正殿の配置については、福山敏男の推定による「皇太神宮大宮院図」を参考にすると、平安中期から室町初期までは、北鳥居と北御門・南御門と玉垣御門・玉串御門・蕃垣御門・瑞垣御門の順序で挟まれた中間に正殿が位置していた[244]。式年遷宮のために西宮地と東宮地が並列して用意され、式年遷宮ごとに交替で使用される仕組みであった。各殿舎の配置は時代の推移にともなって若干の変化があったらしい。江戸時代からは、内宮の宮域を割合に正確に描いた図面や絵図がみられ、正遷宮直前の六百二十分の一、東宮地（寛永二年度）造営の殿舎、西宮地（慶安二年度）造営の殿舎を並べて描いた慶安二年八月内宮図が注目される[245]。このように内宮正殿の配置にかぎってみても、神体の動座は境内（鎮座地）のごくかぎられた範囲の移動にすぎないことがわかる。だが鎮座する神はその地に鎮まる（静まる）こと、つまり定着し安定することなので、遷宮によって神体を鎮座地から引き離す行為は神威を動揺させ弱める呪術的な効力が働くと理解できる。天照大神の御杖代となる垂仁紀倭姫命の印象を天武朝の斎王大来皇女の実像と重ね合せるならば、伊勢神宮（斎宮）の再編と管理[246]が国家的急務であると考えられたに相違ない。

式年遷宮がいつ始められたかについては諸説あるが、制度的には朱雀三年、白鳳十三年（二所太神宮例文）、同十四年（異本太神宮諸雑事記）の説がある。所功は、『太神宮諸雑事記』の朱雀について、天武朝の朱鳥年号と同義とする坂本太郎説（「白鳳朱雀年号考」〈『日本古代史の基礎的研究』下、制度篇、一九六四年〉、「日本書紀の後世改刪説について」〈同上　文献篇〉）に従って朱鳥三年とみるべきとし、式年遷宮の立制をこの持統天皇二年にあてる[247]。しかし所自らも認めるように、「朱雀三年九月廿日、左大臣の宣に依り、勅を奉じて云々」以下の諸雑事記の記事には錯誤があって根拠に疑問があり、諸雑事記の成立も平安朝後期にかけてとみられ、それ以前の成立である延暦儀式帳が立制に何ら言及しない点もいささか気になることである。さらにこの一般にいう朱雀・白鳳の「公年号」と使用、その実年代の比定に関しても論争があり定まらないが、(248)実際の造営開始を内宮の持統四年、外宮の同五年（太神宮諸雑事記）とみることができるとすれば、その制度化はやはり天武朝末年から持統朝初年と考えて大過ないと思われる。なお式年遷宮が斎宮制度の整備と不可分とみて、文武二年の当耆（多紀）皇女選任を契機としたと説く川添登の見解(249)は、伊勢神宮の再編の一環とする立場でいえば、検討されるべき余地はある。あらためて斎宮制度成立の画期を探れば、天武朝末年の宮廷内紛争以外にも、「神宮」の恒久的施設の構築と斎王の常駐による肥大化現象が考えられよう。象徴化した神宮の権威と抑止機能が律令国家樹立の過程にあった天武・持統朝の宮廷に無言の圧力を与えたことは想像にかたくない。式年遷宮、多気大神宮の度会宮遷祀、斎宮制度の再編を通じて、文字どおりの伊勢神宮の現在が成就したといえよう。

式年遷宮は神殿を造り替えることによって、祀られる神に新たな生命を与えることであり、これこそ伊勢神宮の再編にほかならない

注

Ⅰ

（1）直木孝次郎「天照大神と伊勢神宮の起源」（『日本古代の氏族と天皇』塙書房、一九六四年）。同『壬申の乱』（塙書房、一九六一年）二三八—二三九頁参照。
（2）筑紫申真『アマテラスの誕生』（講談社学術文庫、二〇〇二年）八八—一三九頁。

Ⅱ

（3）末松保和「新羅上古世系考」（『新羅史の諸問題』東洋文庫、一九五四年）。
（4）前川明久「伊勢神宮と朝鮮古代諸国家の祭祀制」（『日本古代氏族と王権の研究』法政大学出版局、一九八六年）。
（5）従来の神道と道教という対立的なとらえ方ではなく、プロト神道の世界には道教的信仰がオーバーラップしたものという新しい視点については、福永光司・上田正昭・上山春平『道教と古代の天皇制』（徳間書店、一九七八年）の鼎談「日本古代史と道教」参照。
（6）拙稿「ミヤケの起源と本質」（『日本史研究』二二一、一九八一年）。
（7）「館」の称呼については、太知、牟路都美（和名類聚抄）、タチ・ムロツミ（類聚名義抄）など。
（8）岡田精司「古代王権と太陽神」（『古代王権の祭祀と神話』塙書房、一九七〇年）。
（9）前川明久「伊勢神宮と敢氏」（注（4）前掲）。
（10）拙稿「記紀神話形成と大化前代の祭祀制」（『日本古代国家形成過程の研究』名著出版、一九七八年）。
（11）『類聚国史』巻十九、国造条。
（12）拙稿「斉明朝の〈石造物〉群と王権神話」（『東アジアの古代文化』一〇九、二〇〇一・秋）。大林組編『古代出雲

大社の復元』（学生社、増補版。二〇〇〇年九月）。
(13) 上田正昭『日本の歴史』2、大王の世紀（小学館、一九七三年）、等。
(14) 三種の神器の成立については、直木孝次郎「建国神話の虚構性」（『神話と歴史』吉川弘文館、一九七一年）。神器の内容・意義は、黛弘道「三種の神器について」（『律令国家成立史の研究』吉川弘文館、一九八二年）。
(15) 和田萃は、飛鳥寺西の槻の広場を候補地とする。「タカミクラ――朝賀・即位式をめぐって――」（『日本政治社会史の研究』上、塙書房。一九八四年）。即位の儀場を卜占によって定めるというのは、非常時の際はべつにしても、儀式は慣例を重視することからみて、あまりに安易といえよう。場の選定は少なくとも一定の基準があった。前期難波宮以降は宮廷に常設される「壇場（たかみくら）」で行われたのであろう。
(16) 上田正昭「石上神宮と七支刀」（『日本のなかの朝鮮文化』9、朝鮮文化社、一九七一年）。
(17) 注（10）前掲拙著、五三頁。

Ⅲ

(18) 注（8）前掲、三八一、四〇二―四〇三頁。
(19) 竹内理三編『寧楽遺文』下、文学編（人々伝）（東京堂出版、一九九二年）。
(20) 注（19）前掲、金石文編。
(21) 門脇禎二「斎王女から斎王制へ」（『古代文化』四三―四、古代学協会、一九九一年）。同「飛鳥の大王と斎王女」（『飛鳥古京』吉川弘文館、一九九四年）等参照。
(22) 大林太良『銀河の道、虹の架け橋』（小学館、一九九九年）二五三―二五四頁。
(23) 宮良当壮「虹の語学的研究」南島叢考（『宮良当壮全集』第13巻、第一書房、一九八一年）五〇頁。

(24) 柳田国男「西は何方」虹の語音変化など(『定本柳田国男集』巻十九、筑摩書房、一九六三年)二九二―二九六頁。
(25) 注(22)前掲、二四〇頁。
(26) 宮良当壮「虹の語源説に就いて」注(23)前掲、五六頁。
(27) 堀田吉雄『海の神信仰の研究』(上)、光書房、一九七九年)二三六頁参照。
(28) 拙稿「斉明朝の「石造」物群と王権神話」(『東アジアの古代文化』一〇九、二〇〇一・秋)。
(29) 直木孝次郎「ヤマトタケル伝説と伊勢神宮」(『古代日本の氏族と天皇』塙書房、一九六六年)。
(30) 高崎正秀「草薙剣考」(『高崎正秀著作集』第一巻、一九七一年)。佐竹昭広『古語雑談』(岩波新書、一九八六年)。坪井九馬三「太古の日本民族に就いて」(『民族と歴史』九―一、一九二三年)。
(31) 岡田精司「草薙剣伝承と古代の熱田神社」(『古代祭祀の史的研究』塙書房、一九九二年)。
(32) ペルセウス・アンドロメダ型大蛇退治の神話は世界通有のものであり、八岐大蛇退治物語の構想ともほとんどが一致するにもかかわらず、宝剣出現の伝承のみ八岐大蛇退治神話の独自性を象徴したものである。大林太良『日本神話の起源』(角川選書、一九七三年)一六五―一九五頁。松村武雄『日本神話の研究』第三巻(培風館、一九五五年)一六八―一六九、二四一―二四三頁参照。
(33) 同書は卜部氏の氏文で天長七年八月、卜部遠継によって奏上・選進されたもの。東大本『亀卜抄』の後半部分に収め、奥書に元和六年二月十五日、神龍院龍元(梵舜)の署名がある。秋本吉徳「『新撰亀相記』の研究――翻刻の部――」(『清泉女子大学紀要』二六号、一九七八年)参照。
(34) 泉靖一『インカ帝国』(岩波新書、一九五九年)一七二頁。ただし修道女が現実に神殿に供せられたかは判然としない。スコットの記述では、太陽神を祭るライミの祝祭には、ときとして美しい処女が犠牲に供せられるとする

（『ペルー征服』(上)、石田外茂一・真木昌夫共訳、改造文庫、一九四一年）が、ちなみに、シエサ・デ・レオン『ペルー誌』（増田義郎訳『インカ帝国史』（大航海時代叢書　第Ⅱ期15、岩波書店、一九七九年、一四八―一四九頁）をみると、ライミの祝祭にもふれていて多数の鳥獣が犠牲になり屠殺されたとするが、人間犠牲についてはまったく言及されることがない。

(35) インカ・ガルシラーソ、デ・ラ・ベーガ、牛島信明訳『インカ皇統紀（一）』（大航海時代叢書　第Ⅱ期1、岩波書店、一九八五年）三〇七頁。

(36) 注（35）前掲、三一〇頁。

(37) 鳥越憲三郎『琉球宗教史の研究』（角川書店、一九六五年）三一九―三三三頁。

(38) 島尻勝太郎「『陳侃使録』を通して見た十六世紀初葉の沖縄」（『沖縄文化論叢』1　歴史編、新里恵二編、平凡社、一九七三年）。

(39) 注（35）前掲、三一三―三一四頁。

(40) 注（8）前掲、四〇二―四〇三頁。

(41)『続群書類従』第一輯下、神祇部。

(42)『群書類従』第四十四輯、補任部。

(43) 堀一郎『民間信仰』（岩波全書、一九五一年）二八五頁。

(44)『続群書類従』第一輯上、神祇部。

(45) 山路興造「田遊び」（福田アジオ他編『日本民俗大辞典』下、吉川弘文館、一九九九年）。

(46) 桜井市立埋蔵文化財センター『ヤマト王権はいかにして始まったか――王権成立の地纒向』（財団法人桜井市文

化財協会、二〇〇七年)。
(47) 後藤叔・広田律子『中国少数民族の仮面劇』(木耳社、一九九一年)七—一五頁。
(48) 注(47)前掲、六〇—六八頁。
(49) 秋葉隆『朝鮮民俗誌』(六三書院、一九五四年)七一—七九頁。
(50) 江守五夫「成人式の原義」(蒲生正男他編『文化人類学』角川書店、一九六七年)。
(51) 岡田精司「大王就任儀礼の原形とその展開」(注(31)前掲)。同「大化前代の服属儀礼と新嘗」(注(8)前掲)。
(52) 榎村寛之「斎王制と天皇制の関係について」(『律令天皇制祭祀の研究』塙書房、一九九六年)。『古代文化』(四三—四)論文を改題収録。
(53) 吉野裕子『大嘗祭』(弘文堂、一九八七年)二六—二九頁。
(54) 持統即位直後の、同紀四年正月己卯条に、「公卿百寮、拝朝みすること、元会議の如し」とみえ、前日即位礼の一環というべきである。
(55) ユキは斎忌。スキは次(二番目)の意。ユキに支障が生じた際の補充のこと。西宮一民「践祚大嘗祭式重要語彙攷証」(皇学館大学編『大嘗祭の研究』一九七八年所収)。「大王就任儀礼の原形とその展開」(注(31)前掲)。なお、ユキ・スキの名義については、田中初夫「悠紀・主基名義考」(『神道宗教』国学院大学、一六号、一九五八年)等も参照。
(56) 岡田精司「大王就任儀礼の原形とその展開」(前掲)。
(57)『増訂故実叢書』第四冊。
(58) 注(53)前掲、四〇—四六頁。

(59) 岡田莊司『大嘗の祭り』(学生社、一九九〇年)八〇頁以下。これは折口信夫の「真床覆衾論」を批判したもの。
(60)『群書類従』第一輯、神祇部。

Ⅳ

(61) 岡田精司「伊勢神宮の起源——外宮と度会氏を中心に——」(注(8)前掲)。
(62) 注(60)前掲。
(63) 注(2)前掲、一〇三—一〇四頁。
(64) 注(2)前掲、二〇四頁。
(65) 丸山二郎「伊勢太神宮の奉祀について」(『日本古代史研究』大八州出版、一九四八年)。上田正昭「神宮の原像」(『伊勢の大神』筑摩書房、一九八八年)。真弓常忠「日神祭祀と天照大神」(『天照大御神』神道文化会編、一九八二年)。
(66) 松村武雄は、日韓語の比較による言語上の遊戯は、知識層のみがなしうる作業であり、牛馬化生を説く書紀一書第十一の神話は、もっとも後期的な「産果」とする。『日本神話の研究』第三巻、一五八—一五九頁。
(67) 田蒙秀「上古に於ける稲作と稲及び米の名に見る日鮮関係」(伊藤清司・大林太良編『日本神話研究』3、出雲神話・日向神話、学生社、一九七七年)。同趣旨の論考に、金沢庄三郎「古事記の一節に関する私疑」(『帝国文学』一〇—一、一九〇四年)。
(68) 中島悦次「食物起源の神話の展開」(『日本神話』有精堂、一九七〇年)一九一—一九五頁。
(69) 大林太良『稲作の神話』(弘文堂、一九七三年)五七—五八頁。
(70) 古代法としての天津罪の解釈については、井上光貞「古典における罪と制裁」(『日本古代国家の研究』岩波書店、

一九六四年）。石尾芳久『古代の法と大王と神話』（木鐸社、一九七七年）等参照。

（71）下条信行「稲の伝播と農耕技術の発達」（佐原真編『古代を考える――稲・金属・戦争――』吉川弘文館、二〇〇二年）。

（72）佐々木高明『照葉樹林文化の道』（NHKブックス・日本放送文化出版協会、一九八二年）一五頁。

（73）徐整『三五暦記』（芸文類聚・太平御覧引用）。徐聖『五運歴年紀』（馬氏繹史引用）。任昉『述異記』などにもみられる。

（74）注（69）前掲、七七―八八頁。

（75）寺沢薫「日本稲作の系譜と照葉樹林文化論」（『季刊考古学』五六号、雄山閣出版、一九九六年八月）。

（76）佐々木高明『稲作以前』（NHKブックス、一九七一年）六二―六六、六九―八〇頁。

（77）岡本孝之「攻める弥生・退く縄文」（『新版古代の日本』7 中部、角川書店、一九九三年）七七―七九頁。

（78）下条、注（71）前掲。甲元真之『日本の初期農耕文化と社会』（同成社、二〇〇四年）六二―六三頁。

（79）西郷信綱「大嘗祭の構造」（『古事記研究』未来社、一九七三年）。

（80）同前「アヅマとは何か」（『社会史研究』五号、日本エディタースクール出版部編、一九八四年二月）。

（81）注（35）前掲、二八七―二九〇頁。

V

（82）注（69）前掲、二三―一〇三頁。藤森裕治『死と豊穣の民俗文化』（吉川弘文館、二〇〇〇年）四―三四頁参照。

（83）大祓神事が伊勢神宮と関連性をもつとの見解は、三宅和朗「大祓儀の基礎的考察」（『古代国家の神祇と祭祀』吉川弘文館、一九九五年）。なお、近著、『古代王権祭祇と自然』（吉川弘文館、二〇〇八年）所収の、「古代伊勢神宮の年中行事」をも参照。山本幸司『穢と大祓』（平凡社、一九九〇年）。山本は大祓儀の成立を、伊勢神宮との関連を含め、古代天皇制と律令都城制の形成に求める。

(84) 仁徳紀十一年十月条に、天皇の夢占に神が出現すると、武蔵の人強頸と河内の人茨田連衫子の二人を人柱に立て河伯を祀れば茨田堤はかならず塞ぐことができると告げられる。強頸は告知のままに水没して死ぬが、衫子のみは疑って匏（瓢箪）二つを水に投入し、これが沈まずに流れ去ったので、入水することもなく堤が完成したという。同型の民話・昔話に蛇聟入・河童聟入譚が流布し、嫁に求められた娘が瓢箪を使って難を免れる筋書きは、過去の人身供犠の反映とすることもできよう。ただ人柱の伝承は、原則悪習を否定しその根絶を説く点に意味があることから、真実人柱が行われた根拠とはみなしがたいとの説がある。高木敏雄『人身御供論』（宝文館出版、一九七三年）。高木は贖罪のための死と食物として神に供えることとは異なるとして、人身御供はたとえ概念として存在しても忌むべき風習があったとは思えないとする。

(85) 津田由伎子『斎王』（学生社、一九八〇年）一〇—一五頁。

(86) 美作国神、依猟師謀止生贄、語第七。飛騨国猿神止生贄　語第八。

(87) 美作国苫東郡高野神社、中山神社二座がある。中山神社は美作一宮。

(88) 西郷信綱「イケニへについて——神話と象徴——」（『神話と国家』平凡社選書53　一九七七年）。

(89) J・G・フレーザー、永橋卓介訳『金枝篇』（三）（岩波文庫、一九五一年）二一一—二二三頁。

(90) リュック・ド・ウーシュ、浜本満・浜本まり子訳『アフリカの供犠』（みすず書房、一九九八年）一三七頁。

(91) 注（90）前掲、二一九—二二〇頁。

(92) 注（90）前掲、一一五頁。

(93) 綏靖即位前紀所見の「哀(喪＝北野本)葬」の語について、『日本紀私記』丙本の訓は「美波不利」と記載する。
(94) 注(88)前掲。
(95) 『後漢書』志第五、礼儀中請雨注に、広陵の女巫による雨乞いの例をあげ、その場合、市郭を別の場所に移して門を閉ざし、男子をすべて内に入れず女だけの祭りを営み雨を請うという。
「広陵の女子人となる祝者、一月の租を諸の巫者に賜ふ。諸の巫母大小みな郭門に相聚りて壇を為り、脯酒を以て女を祭る。独り寛大にて便き処を択び市を移す。丈夫を内れることなく、相従ひて飲食するを得ざらしむ。今更に妻おのおの往きて祝ふ。その夫みな到れば、即ち雨注起ると」と記している。
(96) 下出積与『日本古代の神祇と道教』(吉川弘文館、一九七二年)一三四―一六四頁。
(97) 類聚三代格、巻十九、禁制事。
(98) 『続日本紀』同十年九月甲戌条に、「伊勢・尾張・近江・美濃・若狭・越前・紀伊等の国の百姓の牛を殺して漢神を祭るに用ゐることを断つ」とあり、漢神の祭祀・信仰が畿内を含む近隣の、とくに東側の諸国に広がっていたことが分かる。何か渡来人移民の政策と関連があるのかもしれない。しかし一方で牛馬屠殺については、「厩庫律」(逸文、政事要略〈巻七十〉、法曹至要抄)に「官私の馬牛を故殺する事、徒一年。その誤りて殺傷するは坐せず」とあって、故殺は当然祭祀の用途を意識したものと考えられ、その点牛馬屠殺は相当に古くからの遺習と解しうる。
(99) 矢野健一「律令国家と村落祭祀」(菊地康明編『律令祭祀論考』塙書房、一九九一年)。
(100) 兵庫県朝来郡朝来町桑市の船宮古墳(九一メートル、五世紀後半)で、一九八八年出土の埴輪片が牛形埴輪の国内出土三例目とされる。村上洋子編「古代史通信(兵庫)」(『東アジアの古代文化』一一五号、二〇〇三・春)。
(101) 泉森皎「大和の土馬」(『橿原考古学研究所論集』創立三十五周年記念、吉川弘文館、一九七五年)。

(102) 讃岐国女行冥途　其魂還付他身、語第十八。
(103) 「古代史通信（東京）」（『東アジアの古代文化』三三号、一九八二・夏）。
(104) 村山修一『陰陽道史総説』（塙書房、一九八一年）参照。
(105) 松前健「祇園牛頭天王社の創建と天王信仰の源流」（『古代学叢論』角田又衛先生古稀記念事業会、一九八三年）。
(106) 岡田精司、注(29)前掲、一八〇頁。
(107) 拙稿「公葬制の成立と王権」(下)（『古代学研究』一六一、二〇〇三年）。

Ⅵ

(108) 石野博信編『大和・纒向遺跡』（学生社、二〇〇五年）三一九頁以下、四六六頁以下。
(109) 寺沢薫「纒向遺跡と初期ヤマト政権」（『橿原考古学研究所論集』第六、一九八四年）。
(110) 佐紀古墳群の構造と天皇陵の関係は、拙稿「佐紀盾列古墳群と垂仁天皇陵」（『日本歴史』六九一、二〇〇五年）。
(111) 「古代史通信（近畿）」（『東アジアの古代文化』九四号、一九九八・冬）。
(112) 注(108)前掲、六八―六九、三三一―三四二、四七一―四七二頁。
(113) 佐々木高明、注(72)前掲、二四〇頁。
(114) 平田盛胤・三木五百枝校訂『平田篤胤全集』第三巻〈古史伝秋の巻〉（法文館書店、一九二三年刊）。
(115) 伊波普猷「猿田彦神の意義を発見するまで――琉球語〈サダルの研究〉より――」（「琉球古今記」『伊波普猷全集』第七巻、平凡社、一九七五年）。
(116) 松前健『日本神話の新研究』（南雲堂桜楓社、一九六〇年）四四―四五頁。
(117) 柳田国男「『月曜通信』田の神の祭り方」（『柳田国男集』第十三）三七〇―三九三頁。

(118) 倉田一郎『農の民俗学』〈民俗民芸双書〉39、岩崎美術社、一九六九年）一一五頁。
(119) 注（118）前掲、一三二―一三三、一三八―一四〇頁。
(120) 堀田吉雄『山の神信仰の研究〈増補版〉』（光書房、一九八〇年）二〇三―二〇九頁。
(121) 渡辺昭五『田植歌謡と儀礼の研究』（三弥井書店、一九七三年）二三一―二三三頁。
(122) 信州南信濃村の栃城部落では、十月七日の山の神祭りの際、山の神を迎えるため、紙を▽に折り竹を割って扇子のようにはさみ、川原に立てるという。長野県教育委員会編『信州の民俗』（第一法規出版、一九六九年）。▽形は谷奥の三角田に住む山の神を表象したものか。
(123) 注（121）前掲、二三二頁。
(124) 注（121）前掲、二三三―二三四頁。
(125)『日本古典文学大系』68、日本書紀上、一九六七年版。神代天孫降臨条第二の一書、注（7）の項参照。
(126) 注（121）前掲、二三五頁。渡辺「さるだびこ（猿田毘古）」（『日本昔話辞典』稲田浩二・大島建彦編、弘文堂、一九七七年）。
(127) 山路興造「田遊び」（『民俗事典』大塚民俗学会編、弘文堂、一九七二年）。
(128)『群書類従』第一輯、神祇部。
(129) 庵逧巌「猿と貝」（『日本昔話事典』前掲）。
(130) 松前健、注（116）前掲、四八―四九頁。
(131) 佐々木高明、注（72）前掲、二一三―二一五頁。
(132) 注（72）前掲、二三九―二四〇頁。

(133) 近藤義郎編『前方後円墳集成』(中部篇、伊勢。山川出版社、一九九二年) 一二六頁。
(134) 注 (133) 前掲、一二五頁。
(135) 注 (133) 前掲、一二八頁。
(136) 原島礼二『神武天皇の誕生』(新人物往来社、一九七五年) 五八―五九頁。
(137) 泉谷康夫「伊勢神宮の成立についての覚書」(『記紀神話伝承の研究』(吉川弘文館、二〇〇三年)。
(138) 詳細は後述。平野邦雄「神郡と神戸」(『大化前代政治過程の研究』吉川弘文館、一九八五年) 参照。
(139) 拙稿「神武東征伝説の一考察」(『日本書紀研究』第十七冊、塙書房、一九九〇年)。
(140) 『新撰姓氏録』左京神別下、伊勢朝臣条に同じ。「国造本紀」(先代旧事本紀) と『度会氏系図』では天日鷲命。
(141) 堀田吉雄『海の神信仰の研究』(上) (光書房、一九七九年) 三七頁。
(142) 堀田、注 (140) 前掲、二二二頁以下参照。

Ⅶ

(143) 注 (61) 前掲。
(144) 注 (69) 前掲、一八九―一九〇頁。
(145) 注 (116) 前掲、一〇二―一〇三頁。
(146) 松前健『日本神話の形成』(塙書房、一九七〇年) 一二一頁。
(147) 神像の濫觴は奈良時代に遡及しうるとされ、伊勢国桑名郡多度神社において、僧満願が小堂および神像を造り多度大菩薩を称した (延暦二十年十一月、『多度神宮寺伽藍縁起幷資財帳』〈『平安遺文』古文書編第一巻、(20)〉東京堂出版) とある。ただこの神像は彫塑ではなく、神影 (神御像) の段階に止まる。岡直己『神像彫刻の研究』(角川書店、一九六六年）三四頁。

(148) 岡直己、注(146)前掲、三四―三五頁。ただこの説には若干の疑いもある。月読尊については、騎乗の形式から衣裳の色彩まで伝えており、原則神像が仏像を模してつくられたことから、ほとんどの仏像彫刻は立像と拱手坐像である点、何よりも神像彫刻が本地垂迹・神仏習合を意図して造作されたことを考えれば、伊勢神宮に神像が配備されたとするのは唐突の感が否めない。

(149) 現存彫像の、九世紀最初期の作は、奈良薬師寺鎮守の休岡八幡宮神像に代表されるが、この像は主神の大菩薩と配神の女神三体からなり、大菩薩はいわゆる僧形像といったはなはだ特異の表現をもち、この円頂・衲衣の神像形はインド密教には認められない形式で、村山修一によれば、これは特定の本地垂迹説や儀軌的立場から理解されるものではなく、仏に仕える僧侶の姿を通じて考えられた菩薩の表現にほかならないとし、その独自性を強調する。『神仏習合思潮』（平楽寺書店、一九五七年）一一七―一一八頁。

(150) 上田正昭編『伊勢の大神』（前掲）、七三―七四頁。

(151) 『続群書類従』第一輯上、神祇部。

(152) 注(72)前掲、一八九―一九〇頁。

(153) 直江広治「八月十五夜考」（『民間伝承』四巻八号、一九五〇年）。郷田洋文「年中行事の社会性と地域性」（『民俗学大系』7、平凡社、一九五九年）。

(154) 注(72)前掲、一九二頁。

(155) 十五夜を、畑作行事とイモの収穫祭に結びつけようとする見解に、坪井洋文『イモと日本人――民族文化論の課題――』（未来社、一九七九年）がある。

(156) 渡辺昭五『歌垣の民俗学的研究』(白帝社、一九六七年)一八七—一八八頁。
(157) 横田健一『日本古代神話と氏族伝承』(塙書房、一九八二年)六二頁。
(158) 渡辺昭五は、メラネシアの原始農耕民に、月を創世の母祖と考え、生れた双生児には〈明るい月〉と〈暗い月〉と命名する習俗があると紹介し、月の盈虧が善と悪、生と死、光と闇という対照的な二元論的思考を生む契機をつくり、それが死と再生の思想、回春や不老不死、豊饒・豊熟の願望につながったと説く。注(155)前掲、一九二頁。
(159) 宮田登「月待」(注(127)前掲)。
(160) 浜松市立郷土博物館編『伊場遺跡遺物編、1』(「伊場遺跡発掘調査報告書」第三冊、一九七八年)。
(161) 荒木敏夫「伊場の祭祀と木簡・木製品」(竹内理三編『伊場木簡の研究』東京堂出版、一九八一年)。
(162) 「方諸」は陰燧とも称し、銅製品ながら確実な考古資料を有しないので、実態は不明。『博古図録』巻二十にみえる水鑑のごとき銅器とされている。鑑(鑒)とともに月水を採取した。和田萃「古代日本における鏡と神仙思想」(〈日本古代文化の探求〉『鏡』社会思想社、一九七八年)。
(163) 鎌倉期の一部神道家や民間には豊受神自体を月神(記紀の月読尊とは別の神)と解する説が生れていたらしい。作者の坂十仏が外宮の祠官から「豊受神は月神なり」と聞き伝えた(『伊勢太神宮参詣記』《群書類従、第二輯、神祇部》)とあることからみても、豊受神はもともと御饌津神であるよりも月神本体と混同されるところがあったといえそうである。
(164) 大林太良「文化人類学からみた日本海文化」(森浩一編『古代日本海文化』小学館、一九八三年)。
(165) 小林美和「あと隠しの雪」(『日本昔話事典』前掲)。
(166) 大林、注(69)前掲、三〇七—三三七頁参照。

(167)『寧楽遺文』上巻、政治編。
(168)注(145)前掲、一二一頁。
(169)延喜式神名帳によると、「丹後国丹波郡比沼真奈為神社」とある。
(170)佐々木高明、注(72)前掲、一七七頁。
(171)君島久子「東洋の天女たち——羽衣説話をめぐって——」(梅棹忠夫ほか『民話と伝承』朝日新聞社、一九七八年)。
(172)関敬吾『昔話の歴史』第三章天津乙女。㈠天人女房(一六二—二〇四頁)、㈢かぐや姫(二一七—二三八頁)等(日本歴史新書、至文堂、一九六六年)。
(173)隠岐国周吉郡元谷村にある「八王子村」と向いの「常楽寺」とは、三年に一度、九月十九日に社より日神を、寺より月神を奉じ、長竿の上に日と月とを金紙・銀紙を張ってつくり、諸人が一小堂に参集して僧が呪禁の法と読経を行い村民が舞踏するという(日月祭)。江馬務『日本歳事全史』(白井書房、一九四九年)一七一—一七三頁。おそらく日待・月待行事の一環と考えられるが、祭日も伊勢外宮月夜見命の例祭と重なる点に注意が向く。
(174)『今昔物語集』巻三十一、第三十三話に類話を載せるが、天上に帰ると記すのみで月の都の話はない。
(175)月と変若水の関連については、折口信夫「若水の話」(『古代研究』民俗学篇1、一九二九年、《折口信夫全集》第十五巻、中央公論社)。石田英一郎『桃太郎の母』(「月と不死—沖縄研究の世界的連関性に寄せて—」法政大学出版局、一九五六年)。
(176)鹿持雅澄は、越水が老人も若返る「変若水」の意である点を明確に示した。『万葉集古義』巻十三、上。明治三十一年、吉川半七。
(177)これは元来、ネフスキーが一九二六年に宮古島平良町の慶世村恒任氏が祖母から聞いた話(月のアガリヤザガマの話）を採取し、『民族』二巻四号に発表したもの。ニコライ・ネフスキー、岡正雄編『月と不死』（東洋文庫185、平凡社、一九七一年）。
(178) 松前、注（116）前掲、五七頁。

Ⅷ

(179)『群書類従』第一輯、神祇部。
(180)『改定史籍集覧』㈠所収。同本は流布系十冊本に相当し、甲―癸にいたる十干の集名を付す。この水戸本系伝本は允恭天皇より花園天皇までを載せ、この間武烈・継体・安閑・敏達・用明の五帝分を欠く。今江広道によれば、流布本系祖本は鎌倉末期写の東山御文庫本で、本書自体の成立は後宇多天皇代（一二七四―一二八七）で、あとは書継ぎがあるという。「一代要記について――東山御文庫本を中心として――」（『書陵部紀要』一一号、一九五九年）。
(181) 岡田精司「伊勢神宮の成立と古代王権」（注（29）前掲）。
(182) 注（110）前掲拙稿。
(183) 直木孝次郎「伊勢神宮の成立について」（『日本古代の氏族と国家』吉川弘文館、二〇〇五年）。
(184) 岡田精司「伊勢神宮の成立をめぐる問題点」（『東アジア世界における日本古代史講座』第9巻〈東アジアにおける儀礼と国家〉、学生社、一九八二年）。なお、大阪工業大学『中央研究所報別冊』一二巻三号（一九八〇年）に収載の同名論考と重複の箇所がある。
(185) 日本書紀の干支使用の実例からして、六世紀以降の五三七年が適当とする。河野勝行「五・六世紀における伊勢――「神宮」成立史研究のための試考――」（『古代国家の形成と展開』大阪歴史学会編、吉川弘文館、一九七六年）。
(186) 拙稿「三輪王権の性格――河内大王家との接点――」（『東アジアの古代文化』三三号、一九八二・春）。

(187)『群書類従』第七輯、系図部。
(188)門脇禎二「蘇我氏の出自について――百済ノ木劦満致と蘇我満智――」(『日本のなかの朝鮮文化』一二、一九七一年)。同『新版飛鳥――その古代史と風土』(NHKブックス、日本放送出版協会、一九七七年)四三―四九頁。
(189)志田諄一「蘇我氏の出自と発祥地」(黛弘道編『古代を考える〈蘇我氏と古代国家〉』吉川弘文館、一九九一年)。
(190)遠山美都男『蘇我氏四代』(ミネルヴァ書房、二〇〇六年)など。
(191)門脇禎二『蘇我蝦夷・入鹿』(人物叢書177、吉川弘文館、一九七七年)一五―二七頁。
(192)栄原永遠男「白猪・児島屯倉に関する史料的検討」(『日本史研究』一六〇、一九七五年)。
(193)谷川士清『日本書紀通証』第三巻(巻二十三)、宣化紀、国民精神文化研究所、一九四一年。
(194)本文には鎮座本記とある。別に御鎮座本紀ともいう。『続群書類従』第一輯上、神祇部所収による。神道五部書の一。『新訂増補国史大系』第七巻にも載せる。

Ⅸ

(195)加藤謙吉「応神王朝の衰亡」(『古代を考える〈雄略天皇とその時代〉』(佐伯有清編、吉川弘文館、一九八八年)。
(196)和田萃『大系日本の歴史』2、古墳の時代(小学館、一九八八年)二三四―二三五頁。また塚口義信は、葛城県の食物供献儀礼を主掌する巫女とみる。「葛城県と蘇我氏(上)」(『続日本紀研究』二三一号、一九八四年)。
(197)上田正昭『女帝――古代日本の光と影――』(講談社新書、一九七三年)九八―一〇二頁。
(198)加藤、注(194)前掲。
(199)塚口義信、注(195)前掲。

(200) 注（107）前掲拙稿。

(201) 上田正昭『道の古代史』（宇陀万葉、大和書房、一九八六年）参照。

(202) 高嶋弘志「神郡の成立とその歴史的意義」（佐伯有清編『日本古代政治史論考』吉川弘文館、一九八三年）。直木孝次郎「大和と伊勢の古代交通路」（『飛鳥奈良時代の研究』塙書房、一九七五年）。

(203) 桜井勝之進『伊勢神宮の祖型と展開』（国書刊行会、一九九一年）六三―六四頁。

(204) 川添登「伊勢神宮の創祀」（『文学』四一―一二、一九七三年）。

(205) 上代語辞典編纂委員会編、三省堂、一九六七年。

(206) 黛弘道「ソガおよびソガ氏に関する一考察」（『律令国家成立史の研究』吉川弘文館、一九八二年）。

(207) 弥永貞三『日本古代社会経済史研究』（岩波書店、一九八〇年）四―五頁。

(208) 多気郡のタケを「竹」とも表記したことは、選叙令集解の同司主典条に、「釈云、養老七年十一月十六日太政官処分、伊勢国度相郡、竹郡（中略）、合八神郡、聴㆑連㆓任三等以上親㆒也」とあることで知られる。つぎに「延長七年七月十四日伊勢国飯野庄太政官勘注」（『平安遺文』古文書編第一巻、233）によると、飯野荘東大寺田の所在と位置関係を記す「十一条六井於里、十一坪一町・十二坪一町」の項に、それぞれ「竹郡神民口分」の注記がある。引用の元文書にあった記載をそのまま写したものであろう。

(209) 泉雄二『伊勢斎宮跡』（日本の遺跡9、同成社、二〇〇六年）一二三―一二四頁。

(210) 榎村寛之「斎王発遣儀礼の本質について」（注52）前掲）。

(211) 『続日本後紀』承和六年十二月己酉朔庚戌条によると、同年十一月の斎宮官舎一百余宇焼亡のため卜定に従い再度常斎宮を多気宮に移設した。

(212) 山中智恵子『斎宮志』(大和書房、一九八〇年)。
(213) 田中卓「神宮職制の整備」(『伊勢神宮の創祀と発展』〈田中卓著作集〉4、国書刊行会、一九八五年)。
(214) 鳥越憲三郎『伊勢神宮の原像』(講談社、一九七三年)四四頁。
(215) 菊地康明「農耕儀礼と生活」(志田諄一編『古代の地方史』5、坂東篇、一九七七年)一一七頁以下。
(216) 田中卓「『内宮、文武天皇二年遷座説』批判」(注(211)前掲)。
(217) 川添登「伊勢神宮の確立」(『季刊人類学』京都大学人類学研究会編、四巻四号、一九七三年)。
(218) 『江家次第』巻十二(増訂故実叢書、第十七冊所収)によれば、「斎王卜定事、伊勢」に斎王帰京次第を載せ、壱志頓宮の名がある。
(219) 吉田晶『日本古代国家成立史論』(東京大学出版会、一九七三年)三九三—三九五頁。
(220) 田中卓「『因幡国伊福部臣古志』の校訂と系図」(『日本国家の成立と諸氏族』〈田中卓著作集〉2、前掲)。田中は、伊福部氏系図の「系図」は「古志」とするのが適当という。
(221) 利波臣氏系図の価値については、佐伯有清『古代氏族の系図』(学生社、一九七七年)。
(222) 井上光貞「大化改新の詔の研究」(注(70)前掲)。磯貝正義「評造・評督考」(『山梨大学学芸学部研究報告』十六号、一九六六年)。同「郡評問題私考」(『続日本古代史論集』上、坂本太郎博士古稀記念、一九七七年)等参照。
(223) 鎌田元一「評の制立と国造」(『律令公民制の研究』塙書房、二〇〇一年)。初出は一九七七年。
(224) 『難波宮址北西の発掘調査』(大阪府文化財調査研究センター編、二〇〇〇年三月)出土遺物(一)木簡、1号木簡。
(225) 鎌田元一「七世紀の日本列島——古代国家の形成」(『岩波講座、日本通史』第3巻、古代2、岩波書店、一九九四年)。

(226) 山城妙心寺蔵。『寧楽遺文』下巻、文学編、金石文。

(227) 正倉院黄絁幡残片（正倉院年報、『宮内庁書陵部紀要』二九号、一九七八年三月）。なお、『法隆寺献納宝物』染織(1)所収。

(228) 『寧楽遺文』下、文学編、金石文。

(229) 「天平勝宝二年二月二十四日官奴司解」（『寧楽遺文』下巻、経済編下）に、「口一百人奴、飽波村常奴八人」、また「口一百人婢、飽波村常婢一人」とみえる。さらに、『平城宮木簡』㈠解説』（奈良国立文化財研究所）にも、十七6、口女飽波村」とある。

(230) 『寧楽遺文』中巻、宗教編上。本文には、「小治田宮御宇、大帝天皇田村皇子を召し、以て飽浪葦墻宮に遣はし、厩戸皇子の病を問はしむ」と記す。

X

(231) 注（10）前掲拙著、六八―六九頁。

(232) 坂本太郎「いわゆる『和銅日本紀』について」（『国史学』一〇〇、一九七六年）。『日本古代史叢考』（『坂本太郎著作集』第二巻、古事記と日本書紀、吉川弘文館、一九八八年）。

(233) 『群書類従』第一輯、神祇部。

(234) 田村圓澄「古代の遷宮」（『飛鳥・白鳳仏教論』雄山閣出版、一九七五年）。

(235) 直江広治『屋敷神の研究』（吉川弘文館、一九七七年）三二五―三八六頁。

(236) 飛鳥池遺跡出土遺物と調査については、花谷浩「飛鳥池遺跡の調査結果」（直木孝次郎・鈴木重治編『飛鳥池遺跡〈富本銭と白鳳文化〉』ケイ・アイ・メディア、二〇〇〇年）。同「考古学からみた飛鳥池遺跡――その構造と生産技術および性格について――」(『飛鳥池遺跡と亀形石』ケイ・アイ・メディア、二〇〇一年)。

(237) 松村恵司「富本銭をめぐる諸問題」(『季刊考古学』〈出土銭貨研究の最前線〉七八号、二〇〇二年)。同「富本七曜銭の再検討」(『出土銭貨』一一号、同研究会、一九九九年)参照。

(238) 注(9)前掲、参照。

(239) 『武寧王陵』(大韓民国文化財管理局編、全元龍・有光教一監修、学生社、一九七四年)四七―六一頁参照。

(240) 和歌森太郎『中世協同体の研究』(清水弘文堂、一九五〇年)四二―四三頁。

(241) 「鎮守」の事例は多岐だが、まず年紀を明示するものをあげれば、『本朝世紀』第三、天慶二年(九三九)四月十九日条に、「官符三通みな出羽国に給ふ。(中略)。一通鎮守正二位勲三等大物忌明神山燃移有御占事恠(怪)」の例があり、ついで『本朝文粋』第十三、大江匡衡の「寛弘元年(一〇〇四)十月十四日熱田神社供養大般若経願文」に、「当国守代々鎮守熱田宮の奉為に大般若経一部六百巻を書し奉る。已に恒例の事と為す」、さらに藤原宗忠『中右記』(『増補史料大成』15、中右記七)の長承二年(一一三三)五月八日条に、「今日宇治の鎮守明神離宮祭なり」等をあげうる。そのほか鎮守貴布禰明神(今昔物語集)、三井寺鎮守新羅明神(古今著聞集)の例がある。

また鎮守神とは明記されないが注意すべき例としては、『日本三代実録』貞観元年(八五八)四月十日乙未条に、「法花寺の従三位薦枕高御産栖日神に正三位。(中略)。従四位下法花寺に坐す神に従四位上を授く」とあって、薦枕高御産栖日神は日本神話の系列につながる神名、外部から勧請された神であり、無名の「法花寺坐神」とは境内の地主神を思わせる。二神はともに寺院鎮守の神とみて誤まりはなかろう。鎮守思想自体は平安朝の比較的早い段階で定着したといえそうである。

(242) 萩原龍夫『中世祭祇組織の研究』(吉川弘文館、一九六二年)一三五―一三六頁。

(243) 西垣晴次「鎮守」(注(127)前掲)。
(244) 福山敏男『神社建築の研究』(《福山敏男著作集》4、「神宮の建築とその歴史、皇太神宮」中央公論美術出版、一九八四年)。
(245) 同前『伊勢神宮の建築と歴史』(日本資料刊行会、一九七六年)、付図第八、同解説参照。
(246) 岡田精司、注(8)前掲。三九五頁参照。
(247) 所功『伊勢の神宮』(新人物往来社、一九七三年)一〇四―一〇五頁。ただ遷宮のことを伝える『太神宮諸雑事記』に関しては、所自らも認めるように、疑問は多い。同書第一、天武天皇朱雀三年九月廿日条に、「左大臣宣奉勅に依り、伊勢二所太神宮御神宝等を、勅使を差はし送り奉られ畢んぬ色目記さず。宣侍状に偁く、二所太神宮の御遷宮の事、廿年に一度遷御令しめ奉るべし。立ちて長例と為すなり」と記すが、「左大臣宣」など当時の文体・書式等に合わず事実としての信憑性がない。諸雑事記の成立も平安朝後期とみられ、それ以前の「延暦儀式帳」が立制についての言及がない点も気になる点である。
(248) 同前『年号の歴史』(増補版、雄山閣出版、一九八九年)三九―四四頁。
(249) 注(215)前掲。

伊勢神宮と古代日本

著者略歴

本位田　菊士（ほんいでん　きくし）

1933年　大阪府に生まれる。
1965年　早稲田大学大学院文学研究科日本史専攻博士課程単位取得退学。（文学博士）
1964年～1994年　兵庫県下公立高校教諭。
2001年３月まで　姫路獨協大学非常勤講師。

＜主要著作＞

『日本古代国家形成過程の研究』名著出版、1978年
「天皇号の成立とアジア」『アジアのなかの日本史』第２巻〈外交と戦争〉東大出版会、1992年
『天皇の謎』（共著）学生社、1993年　ほか

2009年２月28日発行

著　者　本位田　菊士
発行者　山脇洋亮
印刷者　モリモト印刷㈱

発行所　東京都千代田区飯田橋4-4-8　東京中央ビル内　㈱同成社
TEL　03-3239-1467　振替00140-0-20618

ISBN978-4-88621-471-3 C1021